NPO法人
京田辺
シュタイナー学校
編著

親と先生でつくる学校

京田辺シュタイナー学校 12年間の学び

せせらぎ出版

もくじ

第3章　5年生から8年生までのシュタイナー教育

第4章　高等部、思春期、そして卒業へ　97

京田辺シュタイナー学校

1994年、数人の母親たちによる勉強会に始まった週に一回の「土曜クラス」の実践は、「全日制のシュタイナー学校がほしい」という思いへとつながり、親たちは自らの力で土地を探し、建物を求め、資金を集め、2001年4月、ついに自分たちでシュタイナー学校を作り上げました。現在、京田辺シュタイナー学校には約260名の子どもたちが在籍し、楽しい学校生活を送っています。

10周年記念メンテナンス
保護者と教員で

一学期最後の日　夕方から登校し“星の祭”が行われます

シュタイナー学校の授業

シュタイナー学校の授業は、同じ教科の内容を毎朝100分間、連続して2～4週間集中して学ぶメインレッスン（主要教科）と、専科の授業によって構成されています。子どもたちの一日は詩を唱えたり、歌を歌ったり、体を動かすことから、しだいに集中した学びへと移っていきます。どの授業も子どもの成長に合わせたテーマのもとに構成され、体験を重視して、単なる知識の学習でなく、子どもたちが生き生きと世界と関われるよう工夫されています。

調和をもって手足を動かし、バランスのとれた体を作ります
1年生　オイリュトミー

指遊びをしながら、お話を全身で味わいます
3年生　ことばの授業

6年生から始まる園芸の授業　8年生までは畑作り、9年生では果樹園で実習します

2つの外国語（英語・中国語）を1年生から学びます　1年生　英語の授業

8年生　明るい雰囲気で進む美術の授業
作品は見合ってお互いの違いを楽しみます

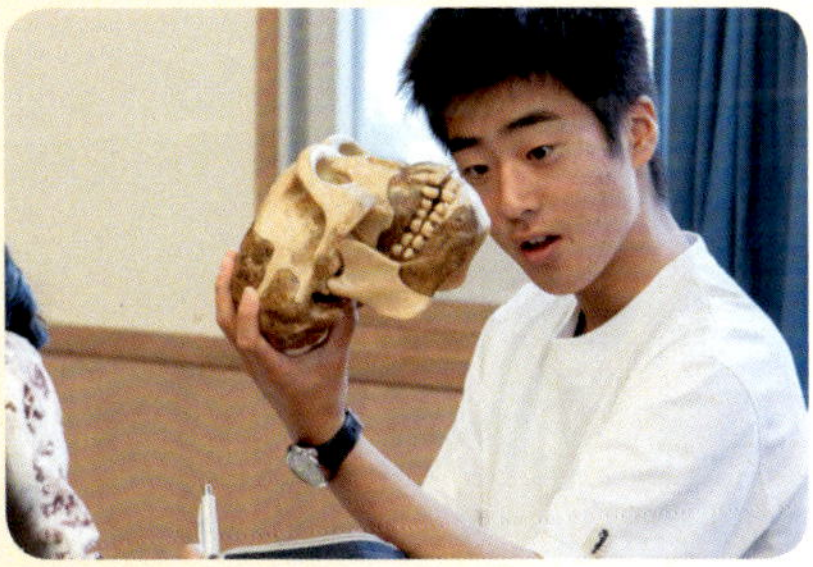

よく観察し、考えます　10年生　人類学

公式をみんなで発見していきます　9年生　数学

滑車の力を体感します　7年生　物理

いつも学校のあちらこちらに音楽があふれています
低学年からのリコーダー、弦楽器を経て、10年生では管楽器に触れます

授業と黒板絵

シュタイナー学校では、子どもたちの学びに黒板が重要な役割を果たします。教員たちは、夜、長い時間をかけて黒板を描き、翌日の授業に備えます。

6年生　幾何学

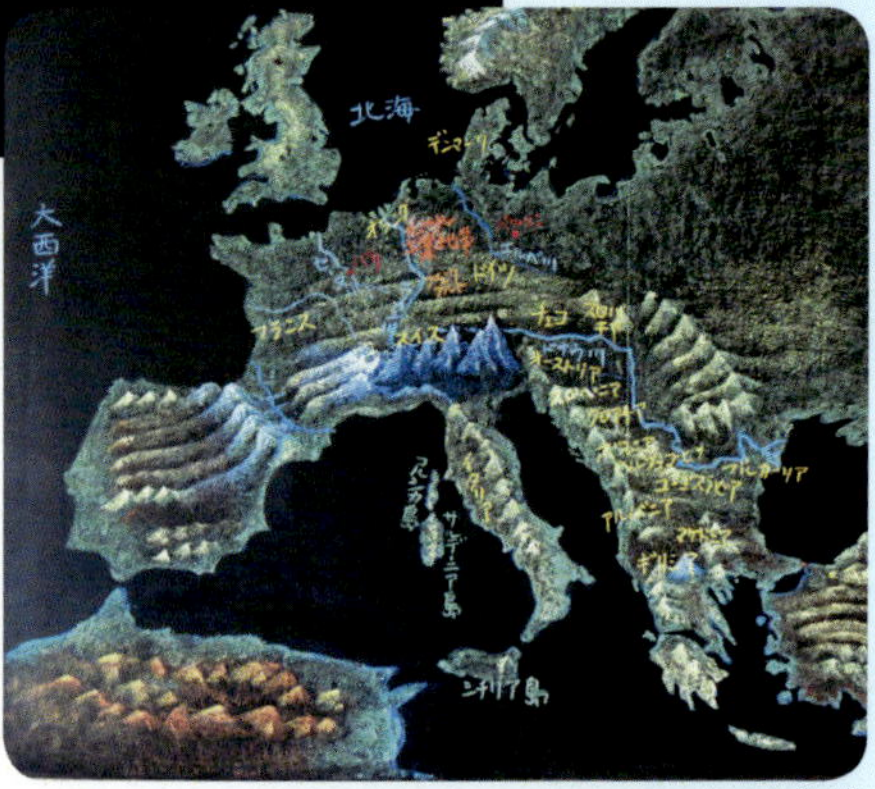

黒板に描かれた地図を子どもたちは丹念にノートに描いていきます

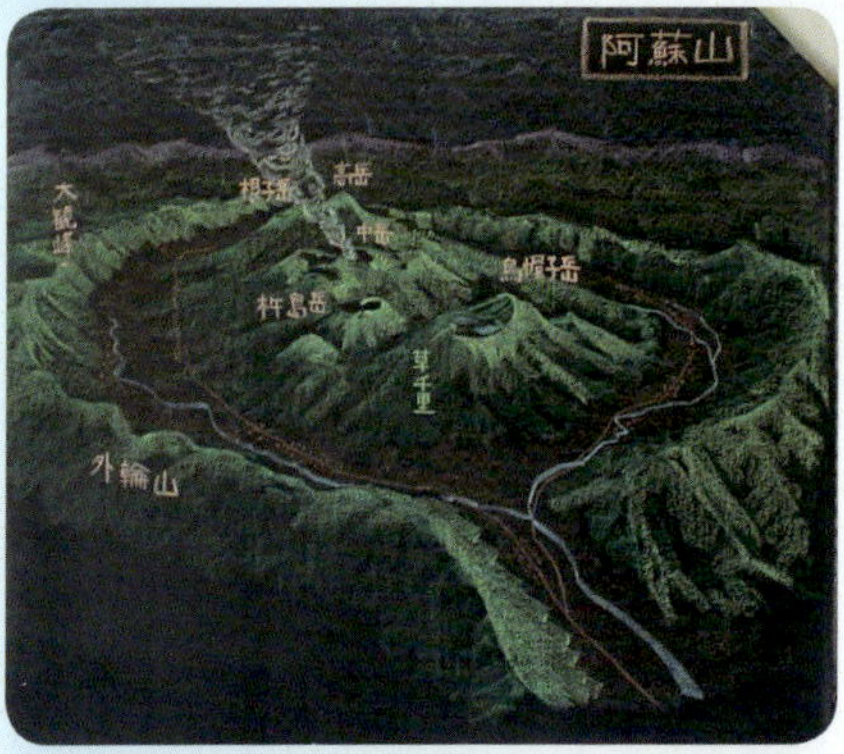

4年生　古事記「国生み」

7年生　日本史「金閣寺」

絵の中から取り出されるものとして文字を学びます

大きな家族のようなスクールライフ

入学から8年生までを通して、一人の担任が受け持つシュタイナー学校では、クラスメート全員が兄弟・姉妹のような親しさで成長していきます。こぢんまりとした京田辺シュタイナー学校では、上級生も下級生も先生も保護者もみんな顔見知りで、まるで大きなファミリーのような雰囲気をかもしだしています。

高等部のお兄さんお姉さんが大好きな１年生たち

今日は給食の日　高等部生徒たちが自分たちで育てた野菜を使って下級生たちにお昼ご飯のプレゼントをしました

1年生から12年生まで全校で楽しむスポーツフェスタ

文化祭

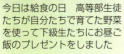

子どもたちのノートと作品

1年生

ことば
ひらがな

かず　足し算

2年生

かけ算

フォルメン

3年生

創世記　第３日目

生活科

4年生

古事記

棒針編み　お人形

5年生

地理

植物学

6年生

日本史

水彩「水晶」

7年生

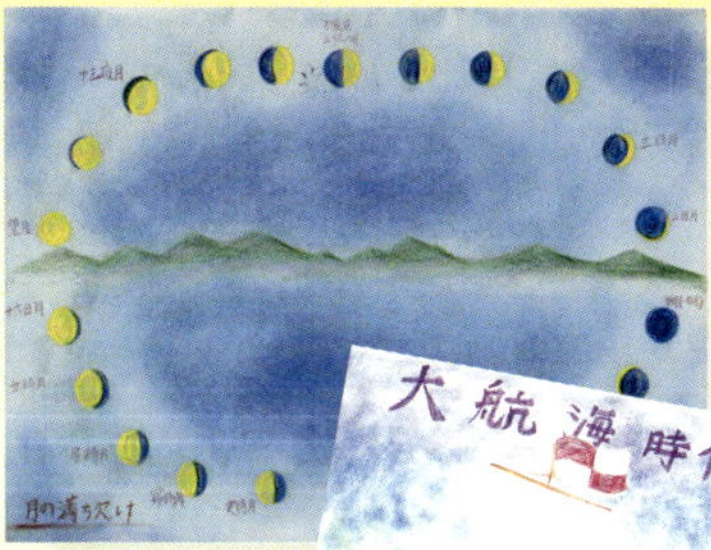

天文学
月の満ち欠け

ルネサンス

8年生

地球学

木工

10年生

古典

美術

9年生

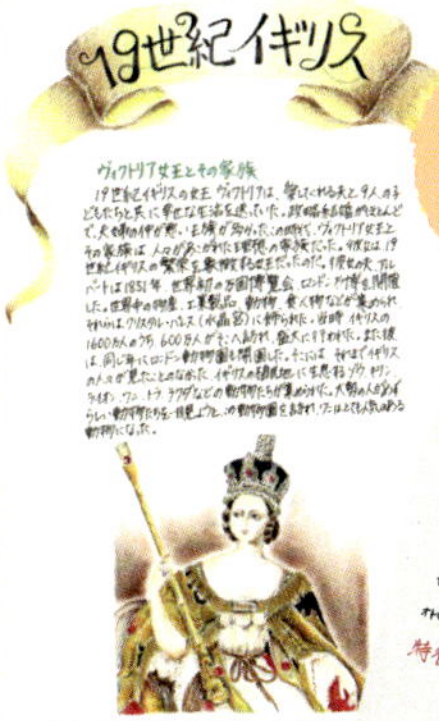

近現代史

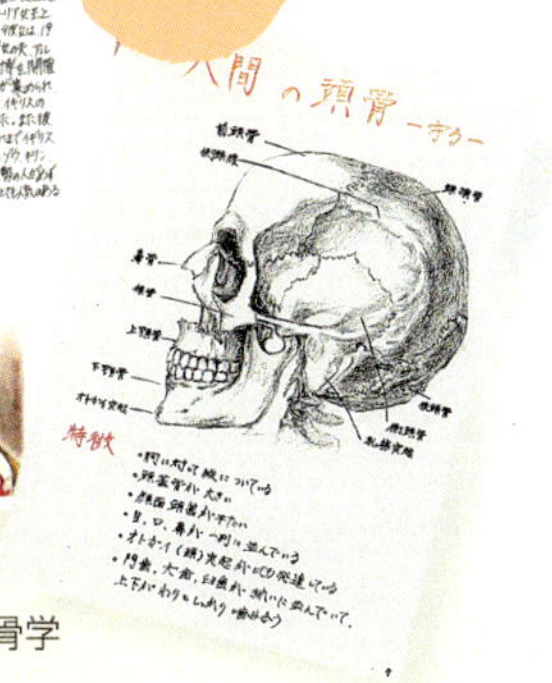

骨学

12年生

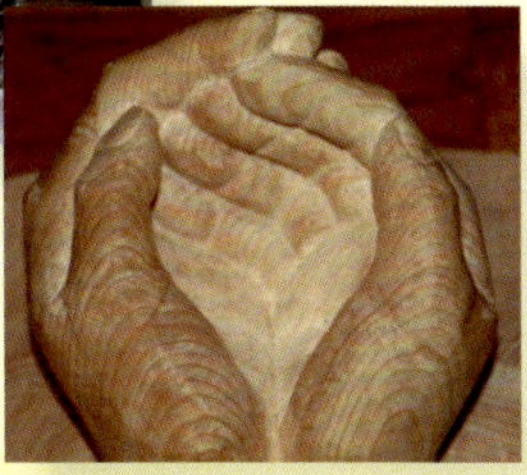

卒プロ作品

11年生

文学「パルチヴァール」

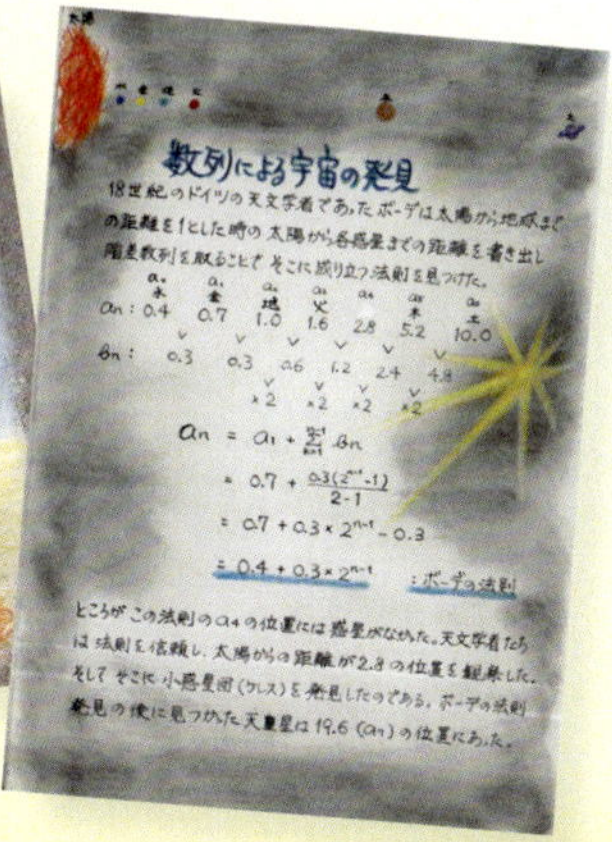

数学　数列による宇宙の発見

子どもが育つ環境を整えるシュタイナー建築

京田辺シュタイナー学校は、シュタイナーの建築理論によって建てられています。子どもの体と心が育っていくためにふさわしい建物として、木材を基本の素材とし、曲線を多用した柔らかいフォルムを作り、淡い色の壁、窓や天井の形、照明にまで配慮しています。教室に入る人は誰でもほっと安心できる空間になっています。

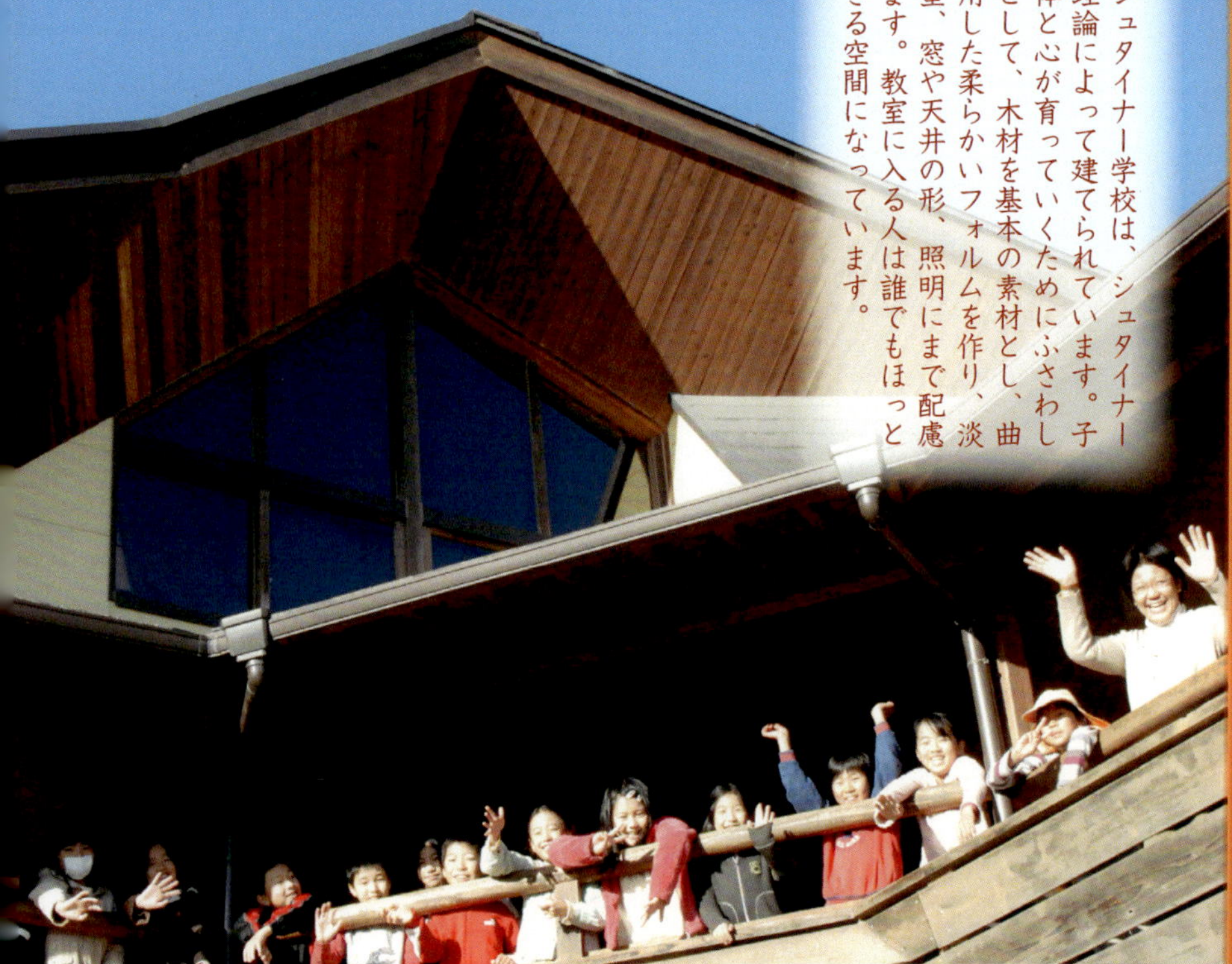

四季の巡りとともに過ごす学校生活

主に高等部生徒が使用する
レンタル校舎の１階にあるホール

序にかえて

―京田辺シュタイナー学校　教育ヴィジョン―

NPO法人
京田辺
シュタイナー学校

はじめに

生命は、大河の流れのように、親から子へ、人から人へと受け継がれ、未来に向かって滔々と流れ続けます。２００１年４月、幾すじもの小さな流れが、子どもたちに引き寄せられるようにして、ここ京田辺の地に集まり、京田辺シュタイナー学校は誕生しました。そして今も、私たちはここで出会い、語りあい、子どもたちとともに、同じ時を歩んでいます。

私たちは子どもたちのすこやかな成長を、何よりも願います。強い意志、豊かな心、明晰な思考。子どもたちの魂の中で、それらが豊かに織りなされ、私たちの祈りにも似た思いが、その魂を温かく包むとき、子どもたちの中にはある力が生まれます。それは、人とともに生き、感じ、考え、ともに夢を実現する力。そして、人とのつながりを大切にしつつも、時として、ひとり悠然と地上に立つ強さ。子どもたちが「天空へ憧れ発つ翼」と「大地に伸びゆく強い根」を持って、人とともに生きていくことを、私たちは願っています。

この学校は、子どもを中心にして、親と教員が向かいあい、語りあい、ともに育んでいく場です。同じ思いをもって集まった人が、考えのちがいに遭遇しつつも、言葉をつくして語りあい、一つの意志に練りあげていくのです。それは色の異なる糸を、一枚の美しい布に織りあげる過程に似て、喜びと苦しみが交錯する、たいへんながらも深く豊かな時間です。そうして共有された私たちの思いと、その思いを形作る行いは、地下の水脈を通して、子どもたちの心をも豊かに潤していくと、私たちは信じています。

シュタイナー教育を志す者として、深く学び、自らを高める意志を持つこと。みなで語りあい、夢を思い描き、ともに意志し、新しい未来を築くこと。一人ひとりが心の内に湧きあがるいずみを持ち、人も自らをも潤すこと。そして、いずみのごとくあふれ出る思いが、やがて清流となり大河となり、私たちの夢に向かい、どこまでも流れていくこと。

そのようにして、ここでの生命の営みが、未来に向かっていつまでも、滔々と流れ続いていくように、私たちは願います。

どのような人間に育てたいか

内への深まりと　外への広がり

世界と出会い、学ぶことを通して徐々に自分にも目を向ける。やがて世界を広げていくことで自分の内をも深めていく。こうして自らの歩むべき道を選び取り、人生を切り拓いていく力を培う。その上で、人や社会とつながり、新しい未来を創造していく人となる。

大地にしっかりと立ち　両手を天の高みへ

自らの足で立ち生きてゆく礎となる力を育てる。同時に、目に見える現実世界の背後にある真理や美を感じ、個人の生を越えて、時代を超えた視野を持つ豊かな精神を育む。大地と天の間にしっかりと立ち、真理と美に結びつく人となる。

私たち教員は、生徒一人ひとりが自然体で立ち、ありのままの自分を受け入れ、他者に対して心が開かれている〝立ち姿の美しい人〟となって卒業していくことを願っています。

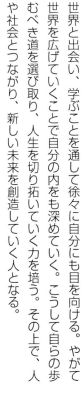

本書の前半では、主に教員が担っている教育について、後半では、学校に集う大人達の活動や子どもの環境づくりについて綴っています。

「親と教員がつくり続ける学校」。この本校の合言葉を大切にして、本書のタイトルも『親と先生がつくる学校』としました。

学校づくりに完成形はありません。現時点での私たちの学校の等身大の姿を、本文で存分に感じていただければ幸いです。

第 1 章

誕生から幼児期、そして学童期へ

シュタイナー教育における子どもの成長

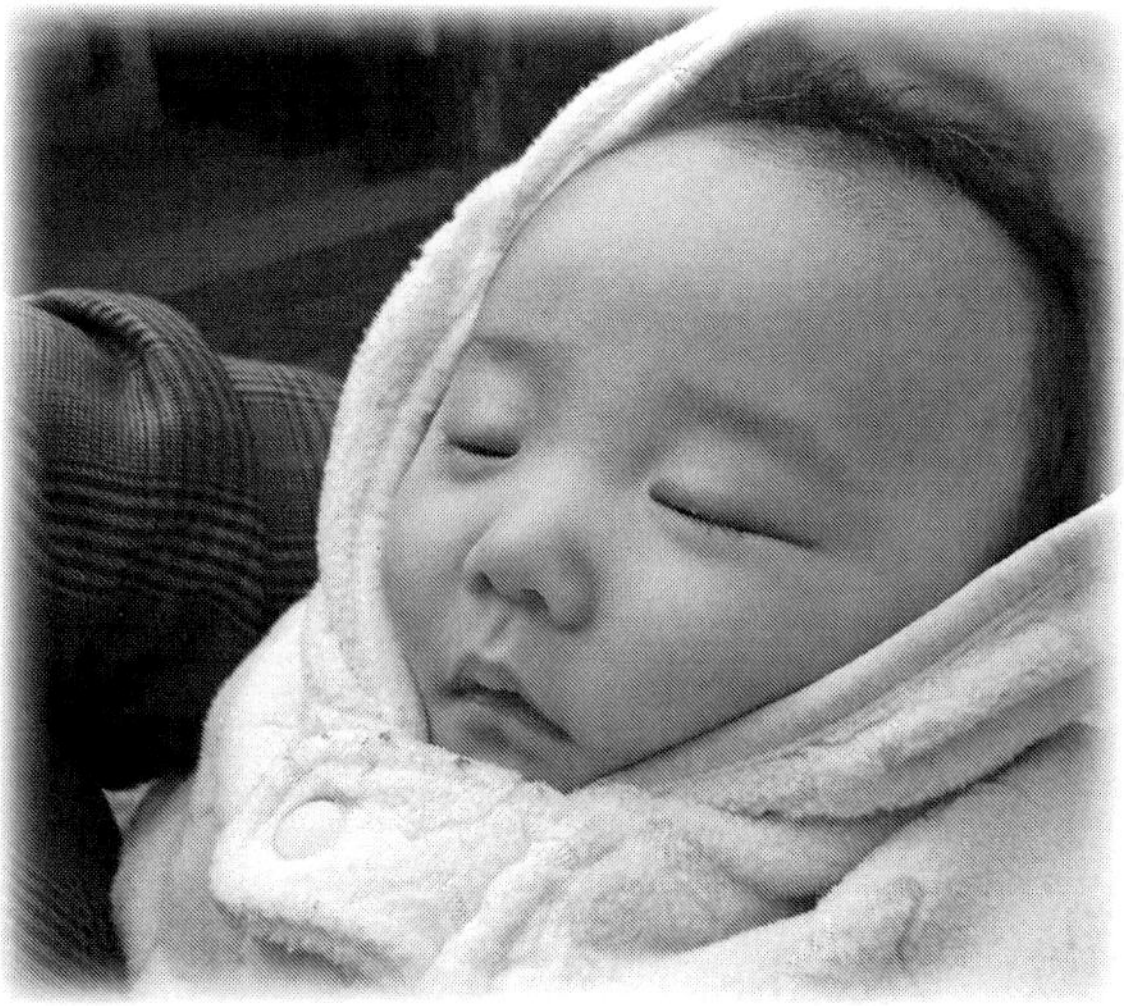
赤ちゃんは天の高みで、自らの両親を選んで誕生してきました

シュタイナー教育は、独自の人間観を持っています。そして、子どもの成長プロセスに対しても独自の考えがあります。その考えにより、具体的な教育方法が展開されています。この章では、誕生から就学前までの成長プロセスに対し、幼児期の教育にもかかわったことがある本校の教師による解説をご紹介します。

幼児期の子どもたちは「夢」の中にいる

幼児期の子どもたちの意識は、大人のようにはっきりと目覚めたものではありません。この時期、子どもたちは夢の中にいるような意識で生きています。

私の知人の子どもさんはまだ言葉もおぼつかない頃に、じっとお母さんを見つめて、しみじみとした様子で「おかあさんのおかお、きれいねえ」と言ったそうです。「決して美人ではない私が、あの子には一体どんなふうに見えているのかなあ。」と母である彼女は笑っていました。小さな子どもにとっては、お母さんは無条件に大好きな人。そしてお母さんの、自分に対する優しく美しい愛にあふれるその気配のすべてを感じとっているのでしょう。

実際、赤ちゃんはみんな夢みる天使のように見えます。誰でも皆、腕にその小さな命を抱いて、一体この子は何を見ているのかしら、と自分を見あげる黒い瞳を見つめ返した経験があるのではないでしょうか。しかしやがて子どもはあっという間に成長し、自分の足で立ち上がり、歩き、言葉を話し、幼いなりにも思考しているように見えてきます。そうするとまわりの大人は、ついつい「ああ、この子は大きくなってきたから、きっともういろいろな事がわかっているのだ」と、子どもを大人と同じように考えてしまいます。

けれど幼児期の子どもたちは決してはっきりと目覚めた意識で生きているのではありません。歯が生え変わる7歳までの子どもたちは皆、まだまだ夢の世界に生きている小さな天使たちなのです。小さな幼児がいかに大人のように振舞っても、子どもはまだ夢みるような意識の中に生きています。

かつて私が幼稚園で働いていた頃は、毎日いろいろなことがありました。泣いたり笑ったり怒ったり。そのたびに私は、小さな子どもたちはどんなふうにそれらの日常の出来事を記憶しているのだろう、と思ったものでした。幼児期の記憶は決してはっきりとしたものではありません。しかし、だからこそ、無意識の中に沈みこむ毎日がとても大切なのではないか、と思います。まわりを包むすべての印象が子どもの心と体を育てていくからです。

どんよりと曇った寒い冬の日のことでした。何度もトイレに行くのが間に合わず、とうとう着替える下着がなくなってしまった女の子がいました。子どもたちは皆、たいへん心配して、「先生、どうするの？」と言いました。

私は汚れてしまった下着を一枚、ていねいに洗いました。私がしていることを見て少し安心したものの、「でも今日は寒くてお日様もいないから、きっと乾かないよ……」とみんなの心配は消えません。子どもた

ち全員がぐるりとまわりを囲み、じっと見守る中、私はその洗って濡れた下着にアイロンをかけ始めました。するとたちまちアイロンから、しゅうしゅうと白い湯気が立ちました。

子どもたちは、「わあ、ほかほかになった！」と目を輝かせて喜びました。「ほかほかパンツ！　ほかほかパンツ！　よかったね！」と歓声が響く中、女の子はうれしそうに、恥ずかしそうにそれを履きました。

今は大きくなっているあの時の子どもたちの心に、もうそんな小さな出来事はきっと残っていないことでしょう。けれど、お友達や先生の見守る温かなまなざしや笑顔によって形作られる日常の雰囲気全体が、子どもにとっての「幼稚園」の印象であり、自分を包み込む環境なのです。そして目覚めた意識には決して残らないそんな毎日が、長い人生の基礎となり、心の支えとなっていくのではないか、と思うのです。

幼児期の子どもたちは世界と一体となってつながっています。お友達が泣くと自分も悲しくなり、何が原因であろうと、時にはいっしょになって泣き出すこともあります。またお母さんは常に自分とつながっている存在です。とても小さな時には目の前から見えなくなるだけで、不安に感じて必死に探すこともあります。

幼児期の子どもたちにとっては世界はファンタジーにあふれ、自然は自分に語りかけてきます。幼稚園からの帰り道にある大きな木の幹に空いたうろには絶対に小人《こびと》が住んでいる、と言って、毎日子どもたちは小人さんに「さようなら！」と元気に挨拶をしていました。

幼児期の子どもたちと過ごす毎日の中では、夢の中に生きている子どもたちにゆったりと美しい夢を見させてあげたい、といつも思っていました。

日常のリズムが意志を育む

幼児期は体がもっとも大きく成長します。人生の最初の７年間は体の成長が健全であるように生活を整えます。知的な頭での学習はもっと大きくなってからで十分です。シュタイナー教育においては、人間の成長段階をとらえて、ふさわしい時期にふさわしい教育を行うよう努めます。幼児期は毎日を健やかにのびのびと過ごし、まずは体全体をバランスよく動かすことや、健康な体を作る自然の恵みあふれる食事を毎日感謝していただくことが大切にされます。

また繰り返しのリズムが子どもの呼吸を整え、人生の基礎となる意志の力を育むといわれます。リズムのある生活の積み重ねや、大きな季節のめぐりを繰り返し感じることが大切です。内へ向かい外へ広がる目に見えないおおらかな呼吸の繰り返しが大きな意味でのリズムともいえるのです。

幼稚園の朝は、いつも室内での遊びから始まりました。色とりどりの大きな布を広げ、体に巻きつけてお姫様のドレスにしたり、魔法使いのマントにしたり。時には教室の中のいすを並べてバスにします。お客様をたくさん乗せて、運転手さん役の子が出発

させます。子どもたちは想像力をいっぱいに働かせながら、体全体で遊びを展開していきます。その遊びの中で、前後の動きの感覚や、バランスを取って動く感覚を育てていきます。

おもちゃの中の小さな木切れは、今日はいったい何に変身するでしょう。小さなお人形のための乗り物になったり、おままごとのお料理の道具になったり。つやつやした木の手触りや、どんぐりや胡桃《くるみ》などの木の実の感触を手で感じます。幼児期の子どもたちは全身が感覚器官です。見ている色や形、まわりの景色、おいしいものの匂い、野原で嗅《か》ぐ花の香り、聞こえてくる人の声や音、手で触れる素材、口に入る食べ物。子どもたちはそのすべてを全身で自らの中に取り込んでいます。日常の生活を通して、生きていくための様々な感覚が、この時期に育っているのです。

シュタイナーの幼児教育では、生活の中でのリズムが強い「意志」を育てると言われます。朝起きてからの時間の流れが毎日できるだけ同じように繰り返されること、また一週間のリズム、一ヵ月のリズム、大きな一年のリズムが繰り返されることは大切なことです。季節の行事が毎年行われると、子どもたちはその決まったリズムの営みに安心します。毎日次々に新しいことがあると、子どもたちの心は落ち着きません。目新しいことの体験以上に、同じことの繰り返しの安定を大切にします。

ですから幼稚園では同じ時間の流れで毎日を過ごします。1週間の中では、決まった曜日に同じことをします。たとえば、水彩や蜜蝋《みつろう》粘土などの活動や、パン作りなどです。それらの事柄は決して言葉で伝えるものではありません。子どもたちの体に目に見えないリズムが無意識にしみとおっていくからです。

また、自然界の大きな流れに目を向けてみると、春にはいっせいに植物が芽吹き、色とりどりの花が咲きます。春から夏に向かっては、自然界は大きく息を吐き出しているようです。秋から冬に向かっては逆に植物は実りを遂げて枯れていき、木々の葉は落ちていきます。冷たい風が吹き、種は土の中でじっと耐えて春を待ちます。自然界は内に向かっているようです。子どもたちはそんな自然の呼吸も無意識の中に取り込んでいるのです。

模倣が子どもを育てる

幼児期の子どもたちは、自分のまわりの大人のすべてを模倣《もほう》します。たとえばお母さんがお買い物をする時、小さな目はじっとその様子を見ています。お母さんがどんなふうに物を選び、レジに持って行き、お金を払うか。お店の人との会話のやり取りや、大人の仕草など、すべての印象を自分の内に刻みます。そしておままごとをしている時には、そのすべてを模倣して遊びます。お店の人の言葉、お金のやり取りや、買った物を袋に詰めるところ、声の調子に至るまでまったく同じに展開することでしょう。よく駅のアナウンスをそっくりにまねて言っている男の子がいます。そのときの声は、まさにあのスピーカーから響く声そのものではありませんか。

好むと好まざるとに関わらず、いっしょにいる親や教師を含む大人は、子どもたちの一番の「お手本」となるのです。

私が幼稚園で働いていた時、私の口癖がある子どもからそっくりそのまま出てきてびっくりしたことがありました。またお友達に物を渡す時の仕草が、まったく私のやり方そのままで驚くこともありました。子どもたちは歩き方からくしゃみのしかたまでお母さんにそっくりです。子どもたちは模倣しながら学んでいるのです。大人がどんなふうに動いているのか、といった目に見えるところだけでなく、感情も含めた周囲のすべてを受け取り、それを模倣しているのです。

子どもたちにこんなふうに育ってほしいということを実現するには、大人である自分がそうする他ありません。口にしてほしい言葉をしゃべり、そうなってほしいと思うように生きればいいのです。

わが子に挨拶をしてほしいと思うなら、自分がそのようにしていれば、やがて子どもたちは自然に挨拶をするようになります。大人が優しい気持ちでいれば、必ずそばにいる子どもたちも穏やかな優しい気持ちになっています。子どもたちは実によく見ています。そうしようと頭で考えているのではなく、そうなっているのです。

幼稚園では教師が歌を歌えば、子どもたちはすぐにいっしょに歌いだします。声の出し方や響きまで同じです。歌や詩に合わせて教師が手をあげると子どもたちも自然に手が上がっています。目に見えない呼吸にいたるまで子どもたちは取り込んでいきます。もちろん一人ひとりの子どもという存在は、まったく大人の思うようにはならないこともあります。けれど実は小さな子どもたちへの対応は、幼児期の子どものあり方を知っていれば、思う以上に容易に運びます。静かにさせようと思わずに、自分が小さな声で歌い始めると子どもたちも耳をすませて静かに聞き始めます。泣いている子どもには抱っこしてそっと語りかけます。大きな声を出して泣かないように言い聞かせると、子どもはもっと大きな声で泣くでしょう。幼児期の子どもたちについて言えることのひとつは、子どもたちはいつも私の鏡のようであり、そうしていつか私のようになる、ということなのです。

小学校への憧れと不安
――入学を前にした緊張と喜びの日々

私たちは新しく入学を希望される保護者の方々に、小学校に入学する半年以上前にお会いします。説明会に来ていただいた後で行う個別の面談の中では、ご両親の教育への考え方とあわせて、子どもさん一人ひとりの様子をお聞きしていきます。小学校に入ることをとても楽しみにしている子どもさんの様子がありありと浮かびます。文字を覚える意欲に満ちていて、いちいち文字をどう読むのかと聞いてくるので困る、早くひらがなを習いたいとはやる思いを親の方が一生懸命に抑えています、という方もあります。私たちは「学び」は小学校に入学するまでとっておいてほしいと考えていますのでそのようにお願いしています。感動とともに新たな気持ちで一つ一つの学びに出会ってほしいからです。けれど、入学を直前に控えた子どもたちには難しいことかもしれません。多くの子は、小学校へ入り、新しい学びに進むことが楽しみでしかたがないのです。期待と希望に満ち満ちています。

一方では親子ともに新しい環境への不安もたくさんあります。お友達と仲良くできるかしら、ちゃんと教室で座っていられるかしら、先生やまわりの人にきちんと気持ちを伝えられるかしら、と親ごさんの心配事はたくさんあります。子どもたちにとっても大きな環境の変化です。新しい先生、お友達との出会いとお勉強への不安、一人で学校に通う心細さなどいろいろです。私たちはできるだけ教師やお友達、学校の教室にも慣れて入学の日を迎えていただくために、入学の直前に「プレスクール」という時間を持つようにしています。それが子どもたちと教師との初めての出会いともなります。４月から通うことになる教室で歌を歌ったり、お話を聞いたりします。しかしそれでも、入学

12年生と１年生

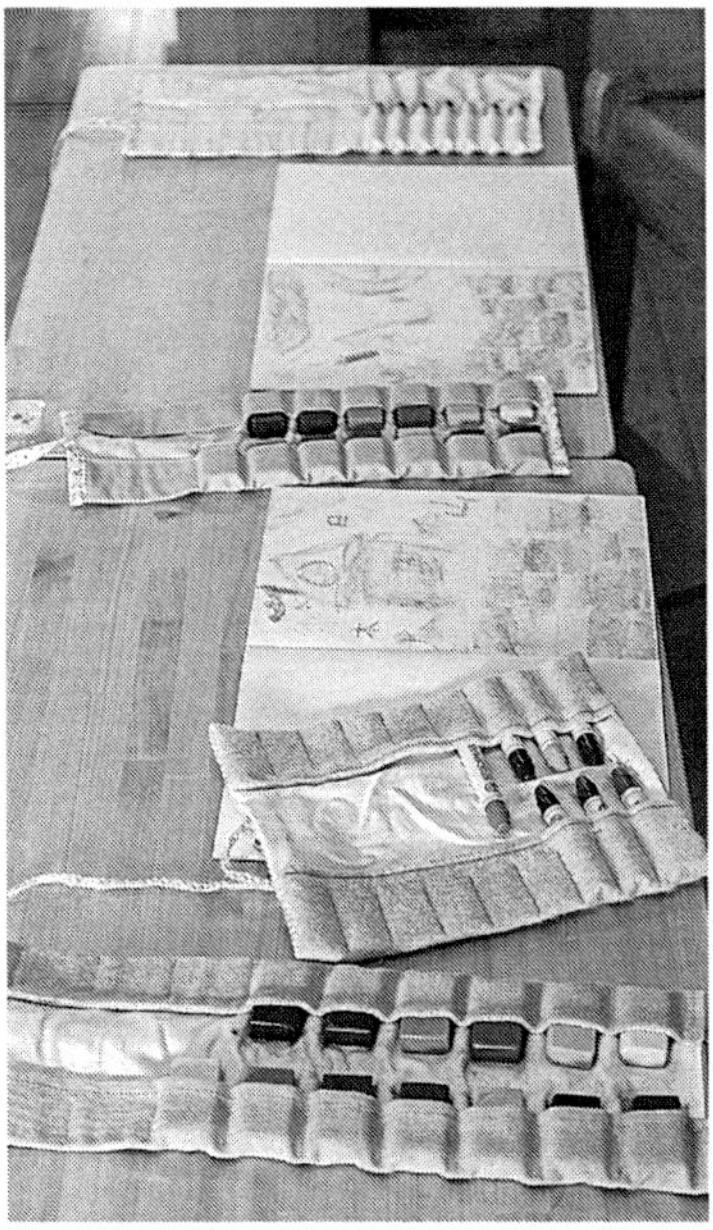
ブロッククレヨンとスティッククレヨン

5音の笛の練習

式の日にはやはりみんな緊張した面持ちでいすに座っています。

京田辺シュタイナー学校の担任教師は、1年生の子どもたちにとって学校にいる間は親代わりのような存在でありたいと願っています。小さな子どもたちの心の内は複雑です。黙ってじっと座っていた子が急にポロリと涙をこぼすことがあります。お手洗いに行きたいのかもしれないし、どこか痛いのかもしれないし、お隣のお友達と何かあったのかもしれません。

そんなときには声にならない胸のうちをゆっくりと聞いていきます。

手足に傷を作っては、「先生、痛いよ」と絆創膏《ばんそうこう》を貼って欲しがる子もいます。たいしたことがなくてもきちんとその痛みを受け止めて、ていねいに「治療」をします。子ども同士がけんかになれば、お互いの言い分をとことん聞きます。それぞれの思いを聞いて、どちらの味方にもならず、冷静に思うところを伝えます。そうやって日々を過ごしながら、保護者の方々とも、子どもたちとも信頼関係を築いていくのです。

幼稚園の教師をしている時には、小さな子どもたちの目を見張るような成長に驚きました。洋服を一人で着ることも、靴を一人で履《は》くこともできなかった子が、卒園する頃にはしっかりと自分のことをし、先生を手伝ったり、小さな年少さんを助けてくれたりします。年長の子どもたちは、もう立派な大きなお兄さん、お姉さんに見えます。

しかし、まだまだ小さな7歳の子どもたちは、学校に入学すると一番小さな1年生です。大きな学校という新しい場で緊張に満ちた日々を送ります。でも先生たちも、大きなお兄さんやお姉さんも、みんなのことを優しく見守っています。学校はさらに大きな家族のようです。小さな心の毎日の驚きや喜び、悲しみや怒りも、そのまま受け止めながら、ともに学ぶ日々が続いていくのです。

入学してからの毎日
——1年生の子どもたち

入学したての子どもたちは、まだまだ幼児期にいる子どもたちです。夢を見ているような意識の中にいる1年生にとって、世界は善なるものに満ちています。小さな子どもたちの心はたいへん細やかで、気がつきさえすれば、どの子もとても優しい気持ちにあふれています。子どもたちの行動の奥には、一つ一つにその子なりの「気持ち」があるのです。小さな子どもたちは自分でうまくそれを表現し伝えることはできません。ですから教師は自分の価値観や道徳による判断をすることなく、目には見えないものを見ようと努力しなければなりません。そして同時に、子どもたちにもわかるような、心に届く言葉や形で、生きていく上での基礎となる道徳を伝えていくのです。

1年生にとって、学ぶことすべては喜びであり、また教師は見あげるべき存在です。教師の語る言葉の一つひとつが大きく心に響きます。子どもたちは教師の言葉を全面的に信頼しています。家でお母さんに向かって、「先生が言ったんだから、絶対だよ」と言っ

お誕生日会

たりします。教師がまちがいを犯すことなど考えられないかのようです。ですから教師は自分の語る言葉に常に意識を向けています。

　この時期の学びはイメージとともにあります。知的

大好きな先生のそばで

な言葉での「概念」は子どもに届きません。イメージとともに語ることで、子どもたちは生き生きと学びを深めていきます。学習だけでなく、毎日の生活の中で伝えたいことなども、イメージとともに伝えると、驚くほど理解してくれるものです。

　たとえば、机の列がきちんと並ばずに曲がってしまった時に教室にやって来るのは『がたがたばあさん』です。今みんなは『がたがたばあさん』の魔法にかかっているよ、と言えば子どもたちはすぐに気付いてまっすぐに並べてくれます。何を聞いても「それ知ってる！」と言って先走る子どもは『知ってる坊や』の魔法にかかっています。

　また、低学年の頃はまだまだ幼児期の模倣衝動が残っています。教師の在り方そのものが子どもを育てています。教師の声や言葉によく耳をすまして、そっくりそのまま模倣して育ちます。教師は身体も心も模倣されることを意識において授業をします。声の出し方や響き、手足のバランス、身体の姿勢や動かし方、そのどれもが子どもにそのまま入っていきます。1年生の子どもが家で「今日の出来事」を話す時は、意識

スポーツ交流会の練習をする４年生と９年生

していなくても担任そっくりの言い方で授業を再現する、とお聞きします。保護者の方に、「先生が授業でお話されている様子がありありと浮かびます」と言われて恥ずかしくなったことがありました。それほどに子どもは外の世界のすべてを自分の内に取りこんでいるのです。

低学年から高学年へ
――成長していく子どもたち

そんなふうに日常の生活をともにしながら、クラスと担任の信頼関係が築かれていきます。1年生の間は教師に守られて子どもたちは安心しています。クラスは「全体」であり、授業もみんなで進んでいきます。みんなで声を合わせて歌い、みんなで詩を唱えることが大きな喜びです。

やがて2年生になる頃には、子どもたちの内面には「両極」が芽生え、少しずつ教師との距離も生まれます。2年生の子どもは、教師に従って安心しきっていた1年生とはちがいます。少しずつ自分たちの力でやりたいと思うようになっていきます。また、小さなグループにわかれて活動したり、まだ個別にはなりませんが、「わかれる」ということへ向かう年でもあります。

3年生で9歳になる頃までに子どもたちは意識の目覚めを迎え、本当の意味での周囲との距離を感じ始めるのです。4年生になる頃には、「自分」という意識を持ち、「他」とのちがいに気付いていきます。

こうして学年を上がっていくにつれて、子どもと教師の関係は変化していきます。教師はそれぞれの時期の、個々の子どもの様子をみながら、それぞれの時期にふさわしい在り方をし、ふさわしいやり方で学びを深めていきます。担任教師は低学年の時期から見守りながら、いつか自分の足で世界に踏み出して行く子どもたちの成長に寄りそうのです。

ツバメのひながかえった！
2階廊下のすき間からひなをのぞく子どもたち

毎年やってくるツバメたち

第 2 章

1年生から4年生までのシュタイナー教育

シュタイナー学校とその授業

京田辺シュタイナー学校の一日

京田辺シュタイナー学校は朝8時に門が開かれます。登校してきた子どもたちは、入り口で待つ先生に握手で迎えられます。子どもの日々の状態や変化を長い期間を通して見守ることができるよう、開校以来14年間同じ先生が立ち続けています。それから、担任の先生のもとに行って、小さな手を差し出して「おはよう」と握手をします。なかには担任の先生だけでなく、好きな先生を見つけて、ちょっとはにかんだように手を差し出す子どももいます。

8時40分、メインレッスンが始まります。メインレッスンは国語（日本語）、算数、理科、社会といった主要となる教科を担任教師が担当する授業で、シュタイナーが遺《のこ》した「朝の詩」を唱えることから始まります。メインレッスンは、10時20分までの１００分間です。１００分というとかなり長い時間のようですが、一つの教科をずっと学んでいるのではなく、詩の朗読や語り、笛を吹いたり教室を出て身体を動かすなど、後で細かく述べるように、その内容は多岐にわたっています。

また、メインレッスンで行う教科は、じっくりと味わい深い経験となるように、算数なら算数だけを3週間から4週間、毎日集中して行う「エポック授業」という方法をとっています。

メインレッスンが終了すると、10時20分から10時50分までが「おにぎりタイム」。子どもたちが持参した、おにぎりやパン、フルーツなどの軽いおやつをいただきます。

10時50分からは、短い周期で繰り返すことが望まし

時間割表（2014年　月曜日）

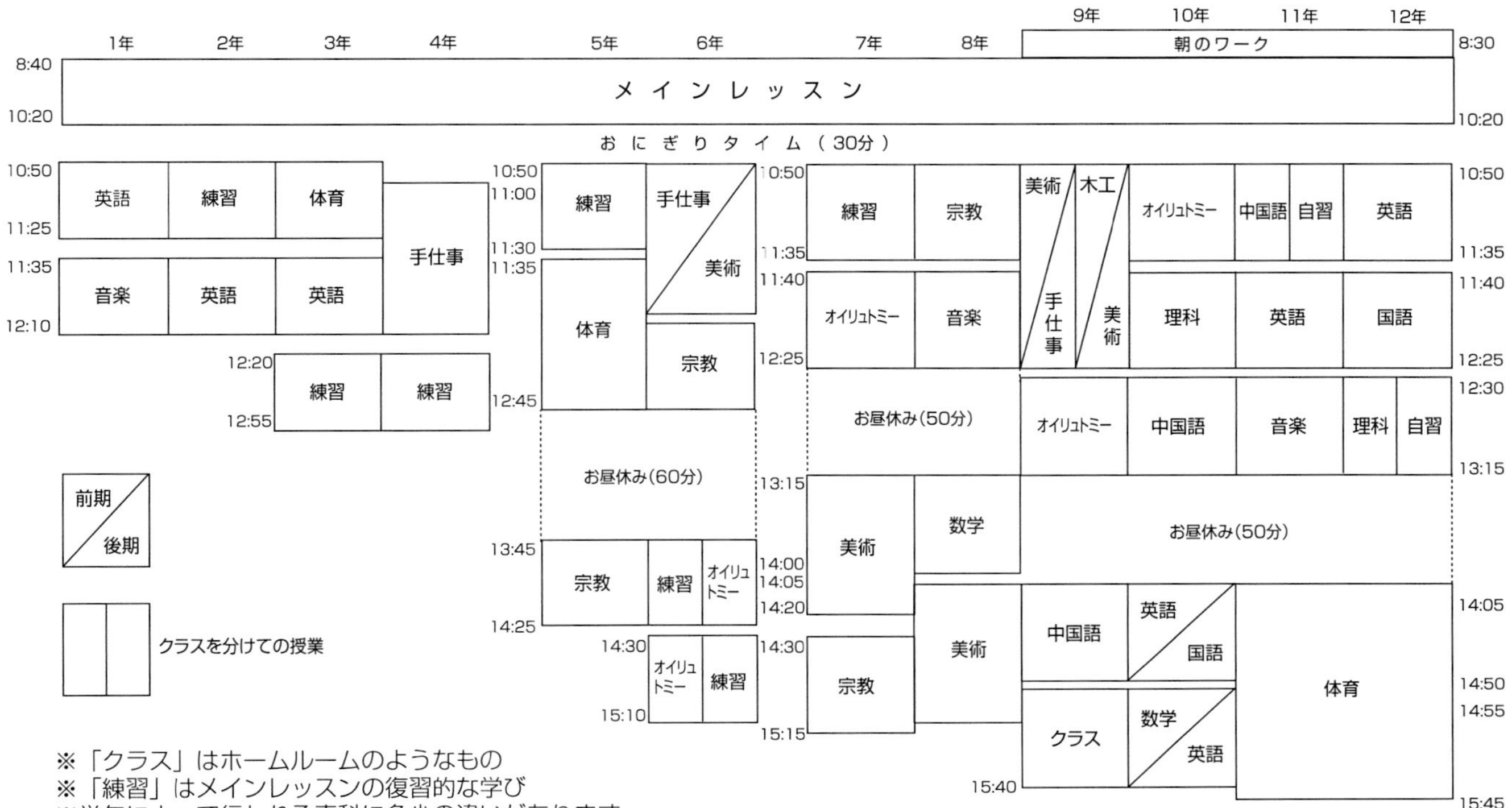

※「クラス」はホームルームのようなもの
※「練習」はメインレッスンの復習的な学び
※学年によって行われる専科に多少の違いがあります

い外国語や音楽などの芸術科目、主要科目の練習の時間を含む専科（専門科目）の授業になります。一つの専科は4年生までは35分、5年生以上は40〜75分で、専科と専科の間の休憩は5〜10分です。練習の時間に何を行うかは担任の判断に委ねられますが、メインレッスンの時間では未消化だった漢字や計算の練習、時間内に描ききれなかったエポックノートの仕上げ、あるいは水彩の時間などに当てられます。

先生が授業の始まりを鐘を鳴らして知らせます

　専科は低学年では一日に2、3科目。高学年になると午後も含めて4、5科目くらいになります。

　午前中の専科や練習が終わると、昼食です。各家庭からのお弁当をクラスでいっしょに食べます。昼休みは教室の中や外で思い切り遊びます。一クラス20名前後から30名弱、全校でも２０１４年現在２６０名ほどの学校ですから、すべての子どもが顔見知りになっていて、1年生が6年生と遊んだり、学年を超えたつながりもしばしばみられます。

　昼休みが終わると、午前中しか授業のない低学年は掃除をし、帰る準備を整えたら担任とともに「帰りの詩」を唱えて一日が終わります。

　ところで、京田辺シュタイナー学校にはチャイムがありません。メインレッスンの始まりに、子どもたちみんなにようやく聞こえる程度の鐘の音が響くだけです。専科の授業が学年によって長さがちがうため、7、8年生が授業を続けている間に6年生以下は休み時間になるということが起こるわけですが、とくに問題はありません。時間を忘れて夢中で遊んでしまう低学年の子どもたちには、時間が来ると担任がクラスの周辺にだけ聞こえるような「小さな鐘」を（子ども自身の意志を育てるために）意識的に小さな音で「チリリン、リリン」と鳴らします。子どもは、どの先生が鳴らしているかを確かめて教室に入ってきます。時には、上級生が下級生に教えてあげることもあります。

ある日の3年生のメインレッスン

さて、100分のメインレッスンが実際はどのように進められるか、ある日の3年生の授業をのぞいてみましょう。

8時40分　鐘の音とともに先生が教室に入ってくると、子どもたちとの朝の会話が始まります。季節の移り変わりや周囲の自然に目を向けることを目的に、「秋の贈り物を何か見つけた？」といった問いかけをしたり、前の日に、学校を終わった後であったことをたずねます。

話が一段落して、子どもたちが少しざわざわしていると、先生は黙って笛を出して吹き始めます。木製の笛でやわらかい音色が響きます。子どもたちはすっと静かになり、笛が終わると同時に立ち上がります。

教室の隅に飾られた「季節のテーブル」のロウソクに先生が火をともし、先生が「おはようございます」と挨拶。子どもたちも唱和し、シュタイナーの「朝の詩」を唱えます。

先生は、ロウソクを一人の子どもの机におき、みなで歌を歌います。その後先生は、一つの詩を読みますが、それはロウソクをともされたその子に贈られた詩です。その詩の読まれる間、先生はその一人の子に気持ちを集中させます。短い時間でも一人ひとりが大切にされる時を持つことで、かけがえのない存在なのだということを子どもに感じてほしいからです。

ロウソクを消し、また隅のテーブルにかたづけていると、子どもたちはザワザワと話し始めますが、笛を準備するための歌で、子どもたちは、いっしょに歌いながら笛を取り出し、歌に合わせて手を動かし笛を温めます。よい音が響くように。そして、先生に合わせて笛を吹き始め

メインレッスンの始まり

先生がお話を語る

ます。

この間、先生は子どもたちに言葉で何も指示していません。また「静かにして」といった注意もありません。先生の動作や手でのうながしによって、流れるように進んでいきます。毎日リズムを持った繰り返しの中で少しずつ変化しながら進んでいくので、子どもたちは、言葉なしでもすっかりわかっているのです。

9時くらい　教室を出て校庭で体を動かします。この日は手つなぎ鬼のような遊びでした。しかし、鬼は小さな竜で、子どもをつかまえるたびに長くなっていきます。何人もの子どもが手をつないだ大きな竜になると、逃げるのはたいへん。竜の方も何人もでいっしょに動くチームワークが必要です。逃げる子どもたち、追いかける子どもたちの間で歓声があがります。校庭の別の一角では、別のクラスがドッヂボールをしています。

シュタイナー学校の授業では「集中」→「拡散」→「集中」のリズムが大切にされます。外で十分拡散した後は、手を洗って教室に戻ります。みんなが席につくと、九九の八の段と九の段を、手を叩いてリズムをとりながら暗唱。そして、再び先生が笛を吹くと、これにあわせて合唱が始まります。

9時20分くらい　今日の学びである「世界の家」の話が始まります。黒板には昨日まで話した「世界の家」の絵が描かれています。子どもたちの机の上にはノートも鉛筆もありません。先生が語る砂漠の家のお話を聞き、時々先生が投げかける質問に答えながら、見たことのない砂漠の家のイメージを広げていくかのようです。子どもたちは素焼きの壺の中に入れた水が冷たくなるという話題に興味津々。先生の「汗がヒント」との言葉に自分の考えをいいあって盛り上がります。

9時50分くらい　「ノートを描きましょう」という先生の声に合わせて、子どもたちは初めてノートを出して、机の上に広げます。先生は、昨日までの「世界の家」に加えて、今日のお話の砂漠の家の絵を描き加えていきます。お話を通して子どもたちが心の中に生き生きとイメージしたものを絵という目に見えるものにしていくのです。小さいうちは、ほとんどの部分を先生と同じように描きます。次の日には文章で表現します。

10時10分くらい　ノートをしまうと先生が照明を落として少し暗くします。最初と同じように、隅の季節のテーブルのロウソクに火をともして、お話をします。以前から毎日少しずつ話しているお話の続きです。子どもたちは静かに、集中して聞いています。

お話が終わると一斉に立ち上がり、詩を唱え、メインレッスンは終了します。

このように、メインレッスンの前半の40分ほどは様々なことが行われます。遊びのような運動を通じて体を動かすだけでなく、心と体の成長のためにそれぞれの時期に必要な動きが含まれたリズム体操のようなものや、笛や歌の合奏や輪唱、九九の繰り返しや、以前に習った漢字を腕全体をつかって宙に書いてみることを取り入れる場合もあります。先生がその日の子どもたちの調子、集中力などを見きわめながら展開していきます。そして、後半のエポック授業では、前日の学びを展開しながら少しずつ学びを深めていきます。また、子どもたちは授業の最後にまとめてノートを描くだけで、ほとんどの時間は、先生のお話（授業）を聞くことに集中しています。

また、シュタイナー学校の授業では教科書は使いません。子どもたちは、真っ白な何も書かれていないノートに、先生といっしょに自分たちで絵や文字を書き入れていきます。エポック授業の間は同じテーマの話をしていきますから、そのお話を追ってノートに描いていくと、これが教科書のように残っていきます。いわば、ノートが教科書になっていくわけです。

さらに、シュタイナー学校ではテストも成績表もありません。自分で学んだことを確認するために、あるいは宿題の手法としてテストのようなプリントを使うことはありますが、子どもの学力や能力を測るためのテストや、学力や能力の到達度を判断する成績表は必要なく、点数による評価や順位付けはしません。シュタイナー学校では、目に見えないものの力も大切にしたいと考えているからです。その代わり、その学年の終わりに担任が手紙のような文章の形で、この一年どうであったかということを書き記して、子どもたちに渡しています。

ただし、高学年、高等部になると、自分の到達の度合いを確かめていきたいという気持ちが芽生えてきますので、テストのような形を使うことが増えてきます。

次ページからは、子どもたちの成長に合わせて、各学年では実際にどのような観点を重視して、どのような授業が行われているか、みていくことにしましょう。

先生のお話に聞き入る

それぞれの学年の特徴とシュタイナー学校の授業

体験として学ぶ1年生

幼児期には主に体をつくるために向けられていた力が、記憶力や想像力へと向けられ、子どもの内面に学ぶための準備が整います。

子どもが仰ぎ見たくなるような教師との出会い

１年生の子どもたちは、学ぶことへの喜びと期待、そして学校生活への不安を持って入学してきます。そうした子どもたちに、緊張なく、「ここで安心して過ごせる」と感じとってもらえるように接するのが教師の最初の役割です。その意味では第2の親のような感じから始まります。その一方で、子どもたちは先生に対して憧れの気持ちを持ち、先生を見あげたいという気持ちを強く持っています。1年生にとって学校の教師はとても大きな存在になります。

シュタイナー学校の教師は「権威者」として子どもの前に立たなければならないと表現されています。「権威者」といっても「私を見あげなさい」という権威ではなく、教師がそこにすっと立っているだけで、子どもが仰ぎ見たくなるような存在でありなさいという意味です。

幼児期とはちがう1年生のイメージする力

学童期を迎えた子どもであっても、1年生くらいの時はまだ、外の世界と自分とが分離していない幼児期の子どもたちと同じように、世界との一体感の中にまどろむように浸《ひた》っている存在です。幼児期とそれほど大きなちがいはありません。

しかし、幼児期の子どもと学童期に入った子どもが大きくちがうのは、幼児期には体を通して世界を知っていった子どもたちが、学童期に入るとイメージする力を持つようになるということです。もちろん幼児期の子どもでもイメージすることはできますが、お話を一回聞いただけでは、ぼんやりとしか思い浮かべることはできません。ですから、毎日同じお話を聞き、次に何が起こるかわかっていても楽しめるのです。しかし、1年生くらいになると、お話を一回聞いてイメージすることができるようになりますから、同じお話を繰り返して聞くと、「それはもう聞いた、その話は知っている」というような態度に変わってきます。

幼児期には子どもの体の形成のために使われていた力が、お話を聞いてイメージを作りあげる力へと変容してくるからです。学齢期の子どもは、幼児期のように体を通して世界を知るのではなくて、お話を聞き、その場面をありありとイメージすることで世界を知ることができるようになる、あるいは、イメージする力を通して世界を知りたいという、新たな世界との出会いを求める時期に入ったということです。

しかし、1年生は本来の意味ではまだ自分で学ぶことはできません。ですから、幼児期に親という守ってくれる存在が必要であったように、学校で学ぶ時も世界と子どもをつなぐ存在が必要になります。それが担任教師です。この関係は基本的に1年生から8年生までの間変わることはありません。

文字も数字も 子どもにとっては抽象的

シュタイナー学校の1年生は、主に国語と算数と、線や図形を描くフォルメンというシュタイナー教育独自の授業から始まります。

しかし、幼児期と学童期の間に立っている7歳前後の子どもは、まだイメージだけで世界を知ることはできません。そこで、子どもたちに国語と算数を教える時には、いくつもの工夫が必要になります。子どもたちに語りかける時には、その子どもたちの状態に合った方法が必要だからです。

たとえば、夢の中にまどろんでいた幼児期からぬけ出したばかりのこの時期の子どもにとって、地上の世界のきまりごとである文字はとても抽象的なものです。教師はその抽象性と子どもをつないであげなければなりません。

たとえば、「木」という文字を学ぶ時には、木がどんなふうに生え、見あげた時にどのように輝いて見えるか、風が吹いたらどうであるかといったことから入るのです。子どもたちが自分の中に木をありありとイメージできたら、次にはそれを絵に描いてみます。その絵の中から「木」という字を浮かび上がらせます。絵を抽象化させたものとして「木」という文字を導入する、といった方法をとるのです。

ノートを書く

数を習う時にも、ただ１、２、３と数字を覚えさせるのではなく、それぞれの数の持つ質をどのように子どもたちが体験できるかということが重要です。

「１」はいちばん小さな数というよりはすべてが一つであるという全体性のイメージが大切にされます。この世界に存在するもの一つひとつのものには、すべて意味があり、それぞれが異なった質を持ちながらもそれらがすべて織りなして全体を形づくっています。シュタイナー学校の教師は、１年生の子どもたちがこの世界に浸りながら、一つひとつのものにある質や意味を感じとっていけるように、と考えます。

あるクラスでは１という数を習う時に、子どもたちが一つの小さな種を描きました。一つを表す大きな全体として、１という質を伝えたいからです。別のクラスでは「私」を描きました。たくさんの人間がいても「私」という存在は一つです。そして、「私」は分けようのない一つの全体なのだという意味を込めたのです。

　このようにして、1という数を導入すると、次には一体だった世界が天と地にわかれる、昼と夜にわかれていくというお話をしながら、わかれていくものを2、二つにわかれたその天と地の間に植物が生まれるように、あるいは、お父さんとお母さんの間に子どもが生まれるように、その二つの間をつなぐもの、そこに生まれるものとして3という数を導入します。

　さらに、春夏秋冬という四季の巡りとして4を、また別のイメージとともに5、6、7を、というように、一つひとつの数の質を大事にしながら、数を学んでいくのです。

　また、足す、引く、掛ける、割るという四則の中にも質が含まれます。たとえば、二つずつ数えたり、三つずつ数えていきながら、あわてんぼうだけどポンポンと軽やかに飛んでいくような風のような質を持った「掛け算」。しっかり物事を見きわめ、同じ数ずつに分ける火のような質をもった「割り算」というような導入になります。

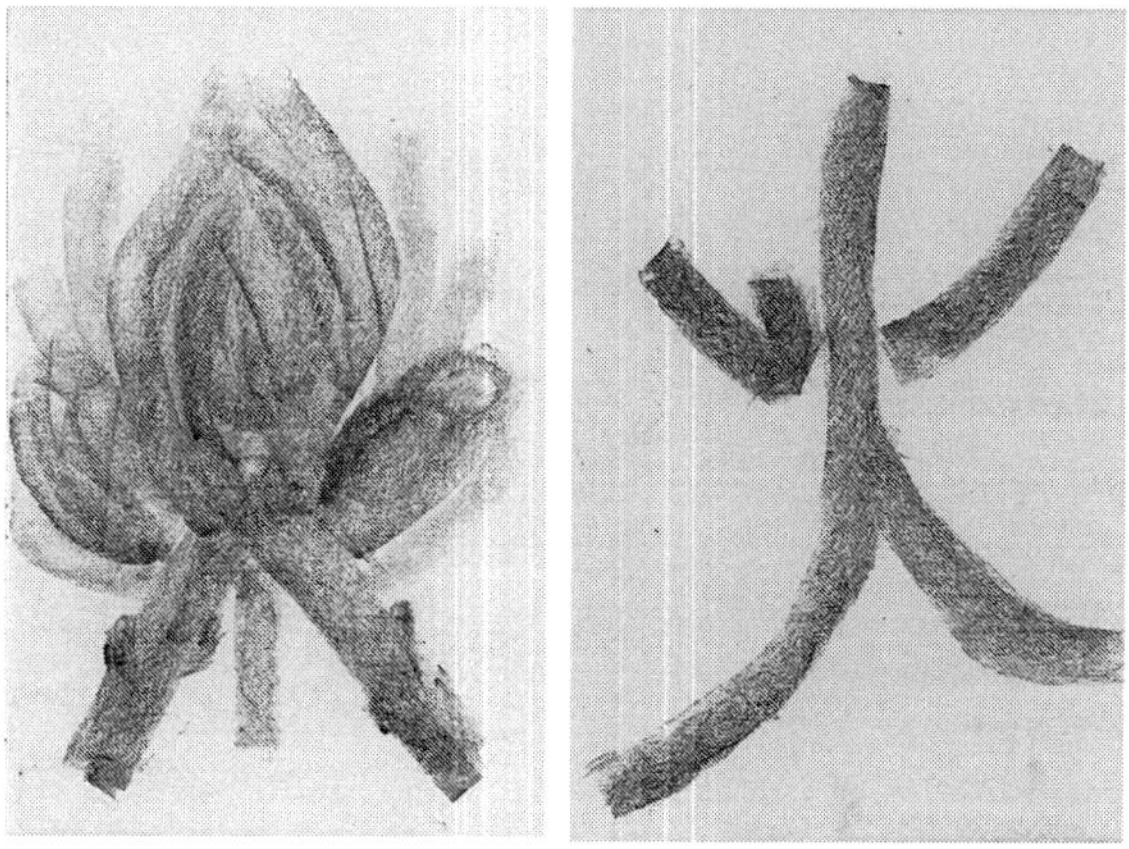
ことば　漢字「火」

論理的な説明よりも お話の方が理解しやすい

　1年生は、クラスの中でいっしょに詩を唱え、いっ

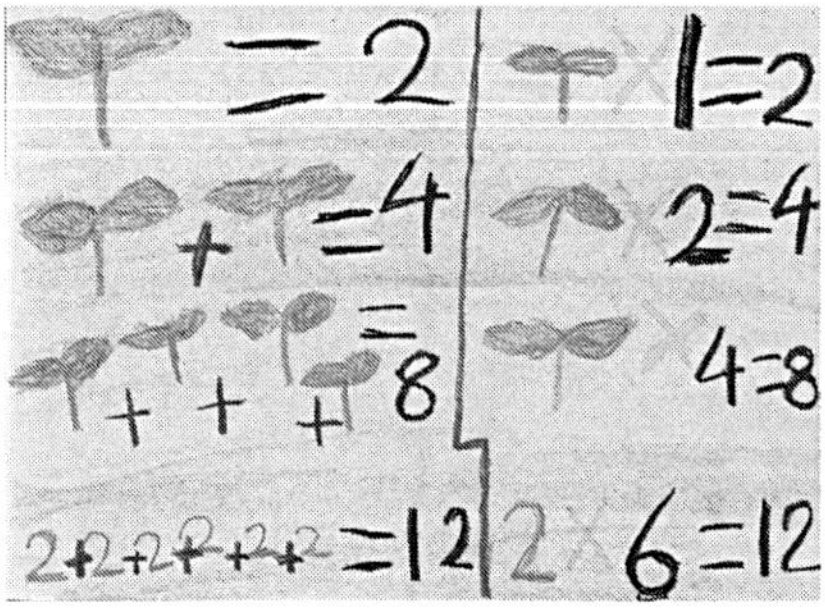

かず「１」（上）　かず　たし算とかけ算（下）

しょに一つのメロディを歌い、いっしょに数を唱えます。１から順に数えながら、３拍目を強調するリズムや4拍目を強調するリズムを唱えます。そして、そのリズムは掛算の九九の導入になっています。

　また、国語でも、みんなで唱えたり、みんなで歌ったりする中から、自然と美しいメロディを感じたり、美しい日本語に触れるような授業の進め方をしています。

　こうしたことはあらゆる場面で行われています。水彩の時にも筆はこうして使い、こうして洗うとは言いません。「さあ筆を洗って」ではなく、「これはリスさんの尻尾だから、いつもきれいにしておこうね」というように、お話や歌とともに説明します。

　ゲームのルールを教える時にも、最初から2組に分けてというふうにはせず、「むかし一つの村がありました。その村では、村にどんな名前をつけたらいいかということで言い争いになり、トーテム村だという人とトータム村だという人にわかれてしまいました……」といったお話をして、その中でルールが理解できるようにします。

要するに、この時期の子どもにとって受け入れやすい説明とは、言葉で説明することではなく、お話としてイメージで語ることなのです。

1年生の子どもたちの意識はまだゆっくりと眠っています。大人でも半ば眠っているようなぼんやりした状態の時があるように、この時期の子どもたちは、そのぼんやりした無意識の中に浸っている状態にいるのだと考えるとわかりやすいでしょう。また、そうした状態にいるからこそ、世の中をすべてよいものとして捉えて、信頼していられるのです。そして、教師がやることをすぐにそのまままねできるのも、その信頼があるからこそです。

幼児期の子どもは、周囲の大人を徹底的にまねすることで成長していきますが、まだ十分に幼児期を脱しない1年生くらいの子どもたちにも模倣衝動が働いています。わかりやすい例をいいますと、子どもたちの前に立った教師が何も言わずに手をあげると、子どもたちも手をあげます。教師が体の前で手を交差すれば、いっしょにみんなが手を交差します。そして、教師の動作を模倣するだけでなく、さらに教師の心の内までまねするようなありようをしているのがこの時期の子どもなのです。

先生の口の動きをしっかりまねます

そうした状態にある子どもたちにあまり急激に、「さあ覚えなさい」「考えなさい」「目覚めなさい」と言ってしまうと、ぐっすり眠っていたいのに急に、無理矢理起こされたような感じになってしまいます。

深い眠りのあとによい目覚めがあるように、シュタイナー教育では、いつ、何を目覚めさせるのか、ということをとても大切に扱います。

みんなでいっしょに詩や数を唱えます

内面を深く育てるメルヘンの語り

この時期のメインレッスンの最後に、古くから伝わっているグリム童話や日本の昔話などのメルヘンの話をします。教師は魔女の声色《こわいろ》を使ったり、絵を見せることもなく、できるだけ淡々と子どもたちに語ります。子どもたちは、教師の声色や、誰かが描いた絵によって与えられるイメージに惑わされることなく、自分の力で生き生きとイメージを生み出しながら、教師のお話を聞き、そこに秘められた深い意味を味わっていきます。

そうしたメルヘンには、論理的に読むとつじつまの合わないようなことが書かれていたり、悪い魔女が火で焼かれるといった、現代からみれば残酷と思われるものもあります。しかし、悪者に最後に罰が与えられるといったお話は、世界をよいものと捉え、無条件に信頼しているこの時期の子どもたちの内面の深いところに、生きる力を育んでいくのです。だからこそ、子どもたちの中には、まるで夢の中で何かがつながっていくようにすっと入っていくのです。

先生のスケッチから●1年生の授業風景(ことば)

「ことば」の授業で、1年生はお話を通してひらがなを学んでいきます。主人公がのぞいてみるシーンでは、片目を小さく細めていたり、息をのむシーンでは、目を丸々と開いてお話に入り込んでいます。

絵の中から字が現れると、「あ、ほんまや」という声。すでに字を読めて、つい「知ってる」と言いがちな子どもも驚いている様子。子どもたちは、しっかりと書き順を覚えた字を休み時間に自分の自由帳に書いてみたり、「あと、あの字を習ったら名前が書ける」と、次に習う字を楽しみにしていました。

字を書くときには、2学期から本格的に使い始めた、スティッククレヨンを用いています。子どもたちにとって、クレヨンは、クレヨンであってクレヨンにあらず。教室には、色を変えるたびに、宇宙を颯爽《さっそう》と飛ぶ「炎の赤」号や「海の青」号が出動している一角がちらほらと。

秋休み明けからは、「数」のエポックが始まります。12までの数を用いながら4つのプロセス(加減乗除)を学びます。

ことば　ひらがな

先生のスケッチから●1年生の授業風景（水彩）

「昨日は川の字を書いたね。今日は川の水の上できらきら光を遊ばせてあげよう」

初めての水彩の日―子どもたちはいろいろな用具に目を輝かせています。

「しっぽ（筆）はいつもきれいにしておきたいからまずはお風呂にはいりましょう」

子どもたちは水の入ったビンの中で筆をゆする。少し荒く掻き回してしまう子に「お風呂のなかで暴れないで」

その子はエヘヘと笑ってゆっくりまわし出します。

「お風呂から出たら水がたれないようにふちでしごいて、タオルで拭いてあげよう」

みんな、赤ちゃんを拭くようにタオルで包んで押すように拭いてくれます。

「さあ、光の黄色をつれて来よう」

2種類の黄色のなかから子どもたちは迷わず光の黄色を選んで、筆につけ、紙の上にひろげます。あちらこちら光をちりばめる子、真ん中からひろげていく子、上から降りてくるような光を描く子。

普段の授業で先生と同じようにクレヨンで絵や字をかくときより柔らかいおだやかな雰囲気が流れます。その後、少し寒くなった光たちを暖かい黄色で暖めてあげて、今日の絵はできあがり。

お話の力を借りることで、ややこしい手順も子どもたちにすんなり受け入れられますが、思わぬ失敗もありました。

途中、机の間を見回っていた私がある子どもに「筆をビンの水で洗って」と言うと、その子は目をキョトンとさせて、「ビンってどれ？」あっ、違った。お風呂だった！「お風呂に入れてあげて」と言い直すとその子はすぐにわかってくれたのでした。

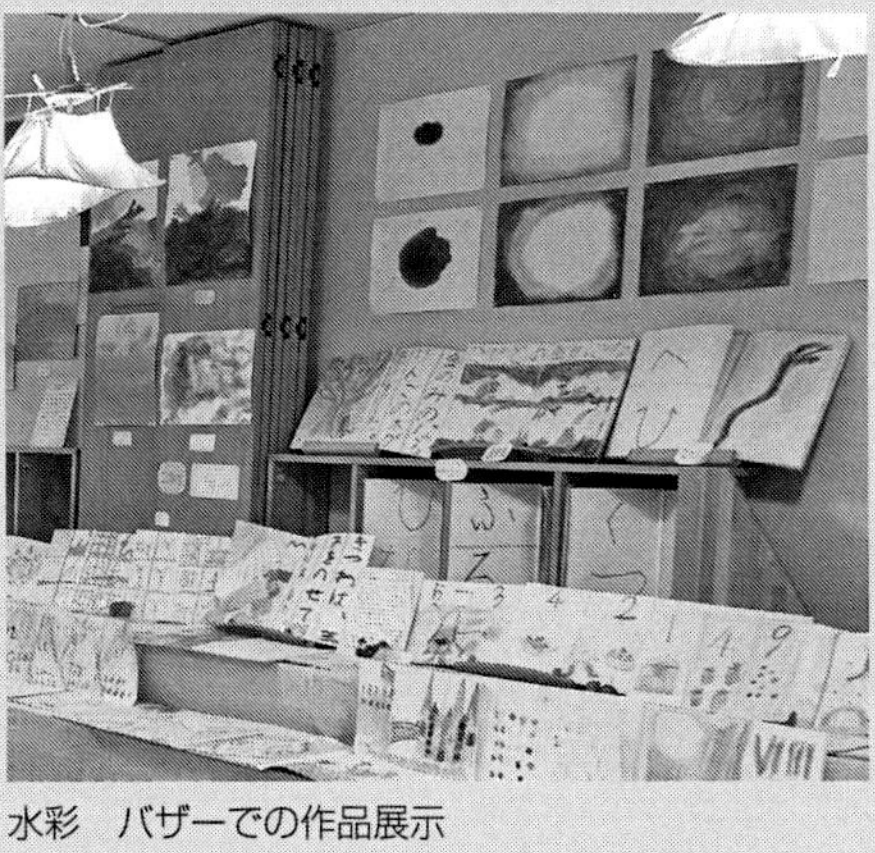

水彩　バザーでの作品展示

それぞれの学年の特徴とシュタイナー学校の授業

内面に目を向け始める2年生

子どもたちは自分の内面にあるおろかさ、みにくさ、ずるさといったものを意識するようになります。

自分の中の暗い面やいやな面に気づき始める

2年生になっても、1年生の時と同じように夢を見ているようなところは依然として残っていますが、少しずつ外の世界に向かって目覚めてもきます。この時期に自分の中に人間としてのおろかさ、みにくさ、ずるさといったものがあることを意識するようになるのは、そのことのもっとも端的な現れでしょう。

数年前、2年生の子どもを持つお母さんからとても印象的な電話をいただいたことがあります。それは「子どもが初めてうそをつきました」というものでした。

小さな子の場合、たとえば草原でバッタを見つけバッタを見ているうちに、バッタとお話したりバッタと遊んだり、そんな自分の世界が作られていくことがあります。それは大人にとっては作り話なのですが、

朝のライゲン

本人にとっては決して作り話やうその話ではないのです。その子もそのような時期を過ごしていました。

ところが2年生の夏休みに、変化が訪れました。その子が、お母さんは買ってほしくないと思っている物を、おばあちゃんにねだって買ってもらいました。お母さんがそれに気づいて、「おばあちゃんに何を買ってもらったの?」と聞くと、その子は「何も買ってもらってへん」と言ったというのです。それまでは怒られても、あったことはすべて素直に話していたのに、意識してうそをついて隠したのです。「初めてのことです」とそのお母さんは言っておられました。自分がうそをついているとわかってうそをつく、このことに表われているように、自分の中の暗い面やいやな面に少しずつ気づき始めるのが2年生の時期です。

人間にはおろかさや滑稽さもあるがそれを越える崇高さもある

シュタイナー学校の2年生のカリキュラムは、1年生のカリキュラムをさらに深めていくような形で、とくに新しい教科が増えることはありません。しかし、1年生の時に話して聞かせていたグリム童話や日本の昔話などのメルヘンに代わり、動物寓話や聖人伝を語り聞かせることが大きなちがいです。

動物寓話とは動物を主人公にして、その滑稽さやおろかさを語るお話です。たとえば、おっちょこちょいないたずら好きで、お調子者のイタチが最後には床の穴にはまってしまって動けなくなるといった話。寂しがり屋で臆病者のウサギが最後にちょっとした勇気を得る話。あるいは、いつも人のことを羨《うらや》ましがるロバが、それによって大きな荷物を背負わなければならなくなる話など、誰でも子どもの頃に聞いたことがあるでしょう。

こうしたお話は、動物のこととして話されますが、子どもたちは、それを少しずつ気づき始めた自分の中の暗い面やいやな面と重ね合わせていきます。いつも先生の話を聞かずにパッと始めてしまっては失敗している自分をイタチに重ねてみたり、いろいろなことを心配してなかなか新しい一歩が踏み出せない自分を心配性のウサギに重ねてみたり、いつも友達のことを羨ましがっている自分が浮かんできたりしています。

オイリュトミー　みんなで輪になって

ユーモラスな動物寓話を楽しみながら、子どもたちは人間のおろかさや滑稽さなどを意識するようになるのです。

一方、聖人伝では、自らの弱さやみにくさを超えて、人間が成し得ること以上のことをやり遂げる崇高な人間の姿を話します。子どもたちはそうした姿に憧れや、より高いものをめざそうとする心を養います。

つまり、動物寓話と聖人伝を2年生の時期に聞くことで、自分の内面のおろかな面や滑稽な面があることを意識し始めた子どもたちに、人間には確かにおろかさや滑稽な面があるけれど、同時にそれらを越えて高いものをめざす力も持っているのだということを知らせているのです。

子どもはそこで何か自分の中に感じ始めた暗さを越える力を予感として持つことができるのです。

人間にはいろいろな面があります。片方がよい、片方だけがあればよいということではありません。両方があって、その中にバランスを取ることが、いちばん大事になっていくのだということを学び始める時期なのです。

先生のスケッチから●2年生の授業風景(動物寓話)

「かわいがられるし、役に立つから犬がいい」

「犬は人間の友達だもんね」

「自分の力でえさをさがす、オオカミのが強いもん」

「オオカミはいつでも自由に駆け回っていたいんだ」

「オオカミやだ。小さい子食べるもん」

「でも、月にほえるのがかっこいい」


2年生の一つの柱である『動物寓話』では、物語を語る前に子どもたちといろいろなお話をします。物語の後には、解説や教訓などを加えず、前もって子どもたちと十分に話しておくことで、物語の内容を受け止められるようにするのです。

最初の日は、先のような会話を含みながら、『オオカミと犬』のお話をしました。

次の日は、子どもたちの知っているいろいろな犬の話が出て、犬にもいろいろな犬がいることを話し合った後、『羊飼いの犬』のお話をしました。小さい犬が羊飼いの番犬にキャンキャン吠《ほ》えるのですが、大きな番犬は静かに通りすぎます。

「どうして?」とたずねる別の犬に、「小犬は吠えても、何にもできない。わたしの牙はオオカミのためにとっておかなければいけないんだ」と答えるお話です。(シュタイナー著『教育芸術2』より)

先ほどまでの自分たちの会話が凝縮されたような物語に、子どもたちは、いままでのメルヘンとは違った満足感を感じているようです。様々な動物たちに登場してもらい、人間のいろいろな面に触れていきます。

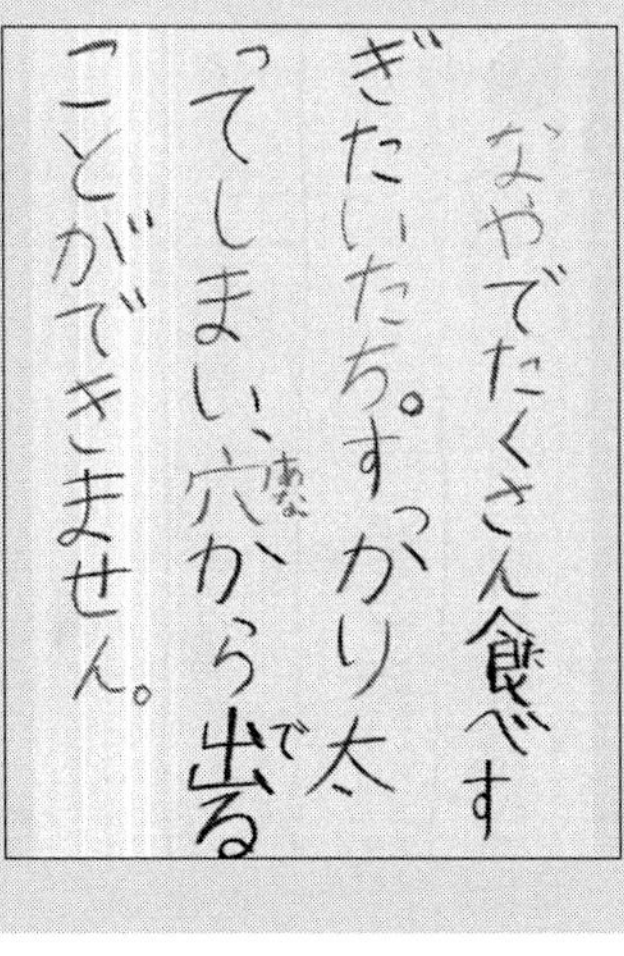
なやでたくさん食べす
ぎたいたち。すっかり太
ってしまい、穴《あな》から出《で》る
ことができません。

先生のスケッチから●2年生の授業風景（かず）

九九の黒板絵

「にいちがに、ににんがし…」

本年度2度目の数のエポックを終える2年生。教室では、毎日、リズムにのった掛け算を唱える声がひびきわたっています。

手拍子と足拍子に合わせて、円になって体を動かしながら九九を唱える声。小気味いいリズムは、授業中でない時でも、誰かが口ずさむといつのまにか他の子も加わって大合唱になってしまうのです。

「四の段がしたぁい」という、やる気いっぱいの子どもたちの様子を微笑ましく思いながらも、まずは二の段をしっかりと学習。

九九にない2×11はどうするかについて、簡単な方法を見つけ出した小さな数学者たちの意見は、3つにわかれました。

「2こずつ増えるから順番に足していけばわかる」

「たとえば2×7だったら、7が2つと思えばいい。だから反対にすればわかりやすい」

「2かける11のここ（10の位《くらい》）をな、手で隠せば（1の位《くらい》が）おんなじ。手で隠せばいいねん。2×1は2だから、2×10はもうあるから20で……、20に2を足せばいい」

どれも「なるほど！」と聞き入る子どもたち。掛け算の筆算への道のりを、無意識にもすでに説明している子どもをみながら、子どもの内側で起こっていることの不思議さと奥深さに触れた気がしました。

それぞれの学年の特徴とシュタイナー学校の授業

「私」という感覚を持つ3年生

自分とまわりの世界との一体感から抜けだし、自分を世界の中に存在する「個」として感じるようになります。

孤独で不安な9歳の危機

3年生くらいになると、子どもたちは大きな内的変化を体験します。自分とまわりの世界との一体感から抜けだし、自分を世界の中に存在する「個」として感じるようになるのです。それは、それまで疑いもせずに安心しきっていたまわりの世界から切り離されてしまうことを意味します。子どもは突然、世界から切り離された孤独感や不安感を抱き、不安定な状態に陥ります。

「もしかしたら、お母さんは自分の本当のお母さんではないのかもしれない」と思ったり、あるいは死ぬことがとてもこわくなる子どももいます。また、友達は自分のことをどう思っているのか、先生は自分のことをどう思っているだろうかといったこともひどく気になってくる時期です。

先生の黒板をしっかり見てノートを描きます

「みんなは僕のことがきらいなんだ！」「あのね、何

3年生のノートや作品から

はかる「重さ」

生活科　世界の家「ベルベル人の土の中の家」

創世記
ノアの方舟に乗せるために集められた動物たち

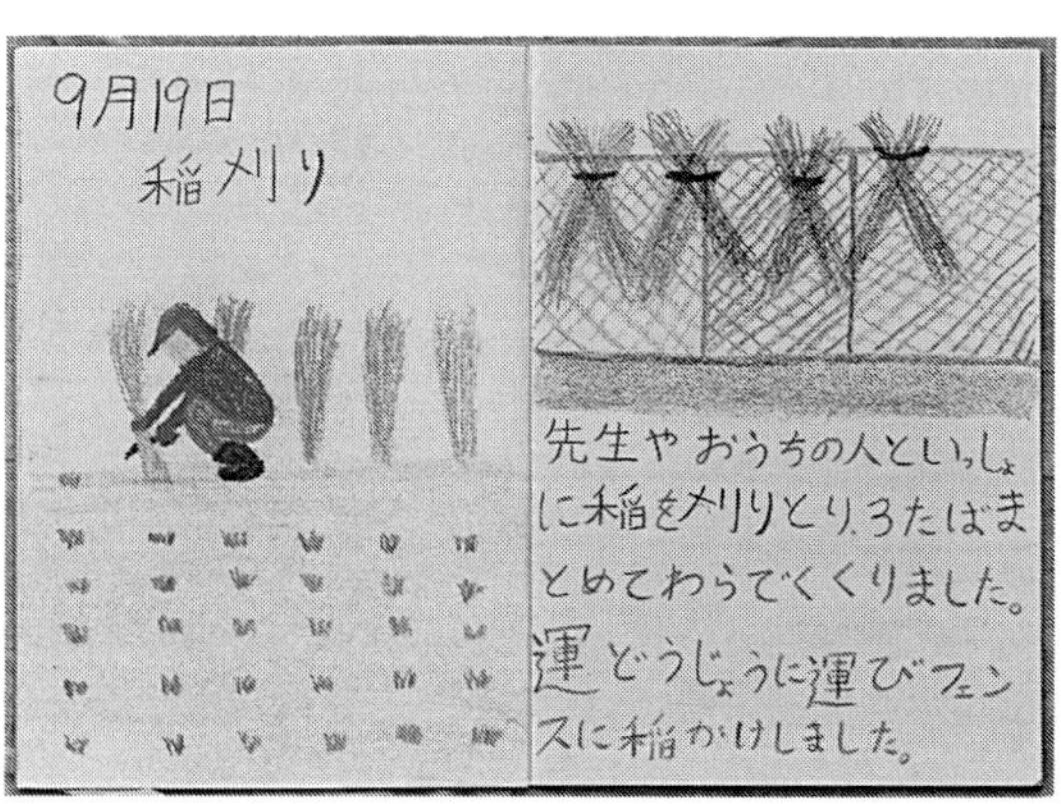

生活科　米作り

でなのかよくわかんないけど、この頃何か悲しいねん」。どれもこれまで経験したことのない新しい感情です。

さらに、「先生はこう言っているけど、どうなのかなあ」「先生の言っていることは本当かなあ」「お母さんの言っていること、なんだか昨日と違っているぞ」というように、教師や親に対しても新しい目で見始めます。それは「模倣」から「観察」への移行でもあります。この観察は大人、とくに身近な親や教師に対してなされます。そして子どもは気づき始めるのです。「今まで、絶対だと思っていた大人（親や教師）は神様ではなかった！」と。

それまでは守られていて何もこわいものはなかった、まわりはすべて善きもので、すべての動物は友達だったのに、ある日突然、自分はひとりであるという気づきが9歳前後の子どもたちに訪れます。自分を守っていてくれた世界からも追い出されてしまう。それは子どもにとってひどく危機的な状況を生むといわれています。そこで、この孤独で不安な時期は「9歳の危機」と呼ばれるのです。

「子どもにとっての9歳の危機は親にとっても危機ですね」とおっしゃった保護者の方がおられました。まわりの大人にとってもかわいかった子どもが突然自分から離れていってしまう時期なのです。大人はこの時期の子どもの変化をどっしりと受け止め、見守ってあげなければなりません。

なぜなら、この危機は新しい可能性を子どもたちにもたらすための危機でもあるからです。

自分という存在が、世界から切り離されていると感じるということは、自分と世界との間に距離を持つようになるということでもあります。距離を持つことによって、子どもたちは初めて世界を客観的にみる目を持ち始めます。それまでの世界との一体感の中で夢みるような状態にあった子どもたちが、大地に足を降ろすための大きな転換を始めたということです。

世界との関係を再構築する生活科の授業

シュタイナー学校では、3年生から生活科が始まります。子どもたちは、自分たちの手で畑を耕し、草をむしり、植物を育てます。羊の毛を刈りに出かけ、そ

田植え

の毛を洗って柔らかい羊毛にし、糸を紡《つむ》ぎ、編み物をしたり織物を作ります。そうした経験を重ねることにより、切り離された世界と行為を通じて結びつき、大地に一人で立つ痛みだけでなく、一人の「私」としてしっかり生きていく基礎を作ろうとしているのです。

生活科の様々な作業の中でもっとも大きな作業は、実際に学校の敷地に小さな家を建てる家作りです。もちろん子どもたちだけでは建てられませんので専門家や大人の手を借りることもあります。この時期に家を建てるということは、それまで無条件に守られていると思っていた世界から突然切り離されてしまった子どもたちに、それでもこの世界に「私」が生きる場所、「私」を守ってくれる場所があるということを実感させることになるはずです。

たとえば、日本の木造の家を建てる中での「柱を立てる」という行為は、まるで地上に真っすぐ立つ自分を表しているかのようです。

また、レンガづくりの家は、重いレンガをいくつも積み重ねなければなりません。それは、重さを感じながら、自分を守る固い壁を作ることです。家作りの中では、外から切り離されるというだけでなく、外とつながっていながら自分という空間を作っていくという意味を感じるのではないかと思います。

子どもたちは生活科の内容を通して、人間が地に足をつけて生きていく営みの原体験をします。人間が手を使ってどのように周囲の世界に働きかけてきたかを実感し、また実際に自分たちも仕事を体験することにより、自分の手を通して切り離された世界との間に再び関係を築いていくのです。

３年生の授業では、他にも生活科的な要素が入っています。たとえば算数では、実際に物の重さや長さを測ったりします。時間の勉強をしたり、教室の中で小さなお店を開き、お金の計算のしかたやお金の使い方を学びます。

また、音楽ではそれまでの単声の歌から、輪唱や合唱などが始められます。自分とちがう音を聴き、そこで生じるハーモニーを味わうことは、自分と他者とのちがいを意識し始めたこの時期の子どもたちだからこそできることです。

家作り　柱の上にケタをのせる

先生のスケッチから●3年生の授業風景（生活科）

「衣食住」を体験する「生活科」の授業が始まります。3年生の「生活科」は単なる「体験学習」ではなく、生きる力の根元となる大切なエポックです。世界との分離を迎える9歳という時期にいる子どもたちは、このエポックを通して、しっかりと大地とつながり、自らの力で創造する喜びを感じていくことでしょう。

新学期が始まってすぐに、まずは畑に出て、土を耕し、肥料をまいてふかふかのベッド（畝《うね》）を作りました。これからどんな植物がここで育つのか楽しみです。

子どもたちは畑の仕事が気に入って、とてもよく働きます。「今度はお弁当を持ってきて、ここで食べよう！朝から来よう！一日いよう!!」とまるで帰りたくない様子。

明るく暖かな春の日差しの中、仲良く畑の道を歩く姿は頼もしく、新しい年への希望に胸がふくらみます。

●

1学期最後の2週間、皆で協力して、大きな布を縫い合わせ、柱となる竹を切り出して、20名全員が入れるほど大きなネイティブ・アメリカンのティーピーというテントを立てました。

夏休み直前には初めて学校にお泊まりをして、夜は少しだけテントの中で過ごしました。これは家作りへの導入と、「長さ」の学びでもありました。

このエポックの間に、「体」を基準にした世界の様々な長さの単位を知り、「大地」をもとにした変化のない「メートル」という単位について学びました。

羊の毛刈り

2学期はこの長さの学びをさらに深めるところから始まりました。

グループごとにきっかり1メートルにロープを切り、学校の中やまわりの様々な場所を測ります。「測る」という行為を通して1メートルという長さに親しむこと。にぎやかに話し合いながら、グランドの広さや、教室、ホールの大きさなどを測ります。それぞれがメートルに親しんだ後、キロメートルという大きな単位を学びました。

自らの手で1メートルを使って長さを測った後なので、「1キロメートル」という長さ、距離がどれほど長く、また遠いのかは容易に想像することができます。「そんなの知ってる!」「聞いたことある」と言っていた「ミリメートル」「センチメートル」「キロメートル」という単位について、実感を伴って学んだ授業でした。

春に植えた野菜は夏の間にその恵みをたっぷり収穫することができました。3年生の畑は今、次に植えられる冬の野菜への準備を始めています。その一方で、夏の間に成長し続けた綿花はついに花から実になり、初めてコットンボールを収穫しました。

子どもたちは羊毛とはまったくちがう綿の輝くような白さと柔らかさに驚いていました。綿の中には固い種がたくさん隠れています。その一粒一粒が、来年もまた花になり、実になることを願いながら、小さな手を一生懸命に動かして、ていねいに種をより分けています。

●生活科の真っ最中です。自分たちが刈った羊毛を洗い、糸にしていきます。最初に見た時、羊のお尻についていた糞《ふん》を「うわあ、何あれ」といやがっていた子どもたちが、今では汚れた羊毛の部分も「うんちょっちょー」と言いながら、鼻歌交じりに取り除いています。

身のまわりのいたるところに布がありますが、糸を紡ぎ、それを布にすることがどれほどたいへんなことか。糸紡ぎで格闘している子どもたちをみながら、人や世界へと思いを深めていってほしいと願っています。

●11月に3年生の小さな家作りが始まりました。

「旧約聖書物語」のカインの息子たちが、鉄を打って石よりも強い道具を作り、大きな木を切り倒して柱とし、初めての「家」を作ったお話を聞きながら、土曜日ごとに少しずつ作業を進めました。

子どもたちの年齢をはるかに越える長い年月を風雨に鍛えられて大きく伸びた木、その命をいただいて新しい「家」としての生につなぎます。エポックノートのとびらにも真すぐに立つ針葉樹の姿を描きました。

この小屋は小さいながらも本格的な継ぎ手で組むもので、ノミを使って木を刻むことは3年生にはまだ早すぎるため、親ごさんたちの助けをおおいに借りました。木の命を長持ちさせる天然塗料を塗りこむことが、3年生の最初の仕事でした。

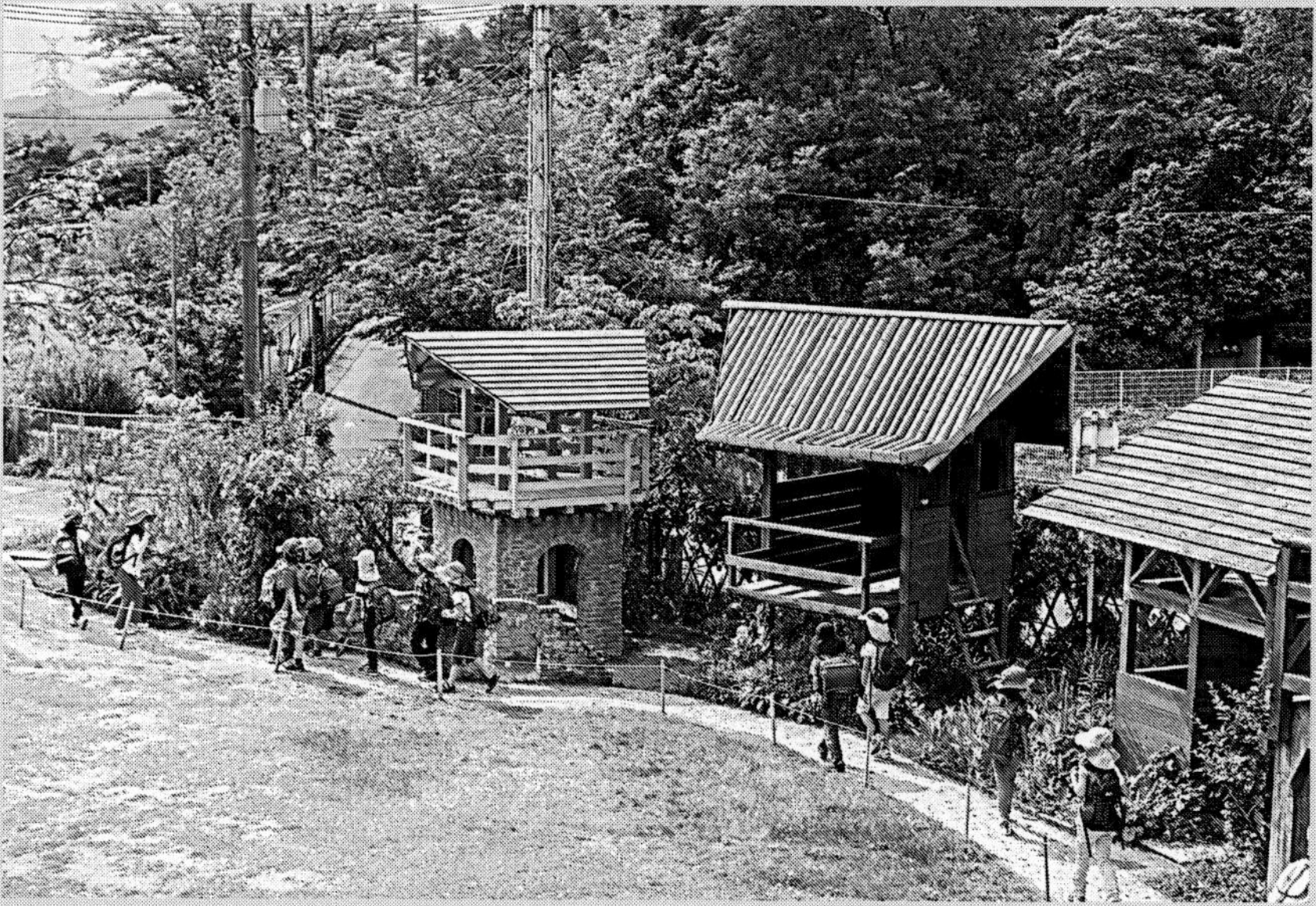

生活科　家作り　歴代3年生たちが作った家

次には土台づくり。四隅に穴を掘り、ホースに水を入れて、その高さを使って「水平」を決めます。セメントを練って基礎のブロックを穴に埋め込みます。

年が明けて、棟あげに続き、屋根や壁もつけていこうとしています。また、自分たちで植え、刈らせてもらったモチ米をいただきましたので、お祝いのモチまきもしたいと考えています。

毎朝氷の張る寒さの中ですが、3年生は元気です。この家作りのプロセスが、9歳を迎え、地上に降り立つ彼らの、ゆれ動く心の依り所の一つとなることを祈りつつ、親ごさんたちとともにプロジェクトの一つひとつを実現していくことが、喜びの日々です。

それぞれの学年の特徴とシュタイナー学校の授業

世界への眼差しが生まれる4年生

自分とまわりの世界とを切り離すことにより、世界を客観的に学ぶ力が芽生えます。

理科の授業が本格的に始まる

4年生になると、地上に降り立った子どもは、だんだんと外の世界に目をひろげていくようになります。9歳の危機的な状況を経て、世界と距離を持つようになることで、客観的な学びが始まります。その意味では「学ぶ」ということが本格的に始まる時期といえます。

シュタイナー学校では、この時期に初めて理科が始まります。それまでも自然の話をする時や、一年の巡りの中で様々な自然を体験していましたが、それはあくまでも、自然と一体感の中にいる子どもたちが自分たちのまわりの自然を味わう、という向かい方でした。

しかし、4年生からは独立した教科としての理科が始まります。その第一歩は、子どもにとって身近な動物についで学ぶことからです。

いろいろな動物について、それぞれがどういったありようをしているか、そのありようによってどんな生き方

朝の詩を唱える

４年生のノートや作品から

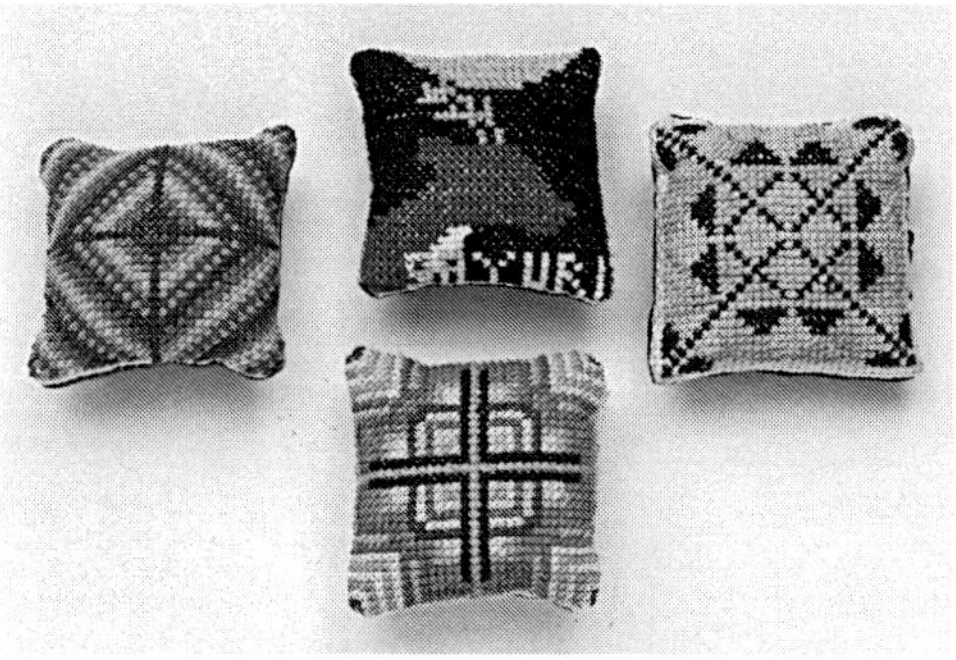

手仕事　クロスステッチのピンクッション

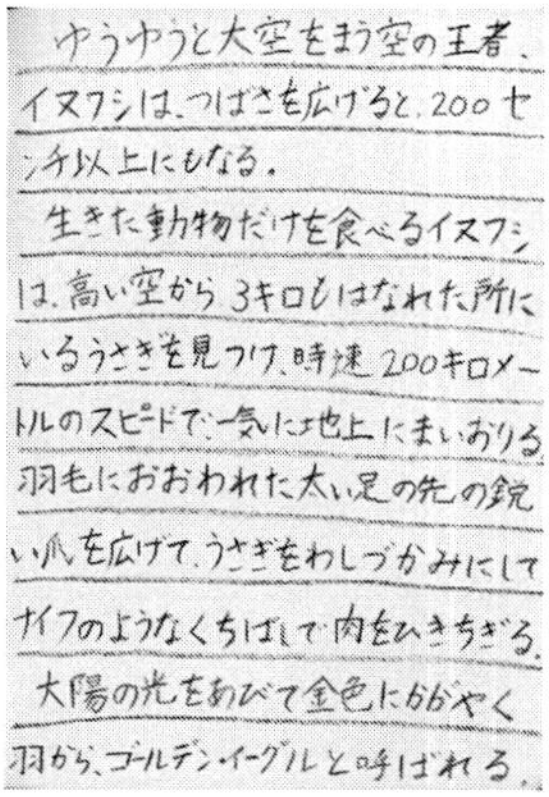

ゆうゆうと大空をまう空の王者、
イヌワシは、つばさを広げると、200セ
ンチ以上にもなる。
生きた動物だけを食べるイヌワシ
は、高い空から3キロもはなれた所に
いるうさぎを見つけ、時速200キロメー
トルのスピードで一気に地上にまいおりる。
羽毛におおわれた太い足の先の鋭
い爪を広げて、うさぎをわしづかみにして
ナイフのようなくちばしで肉をひきちぎる。
太陽の光をあびて金色にかがやく
羽から、ゴールデン・イーグルと呼ばれる。

動物学　イヌワシ

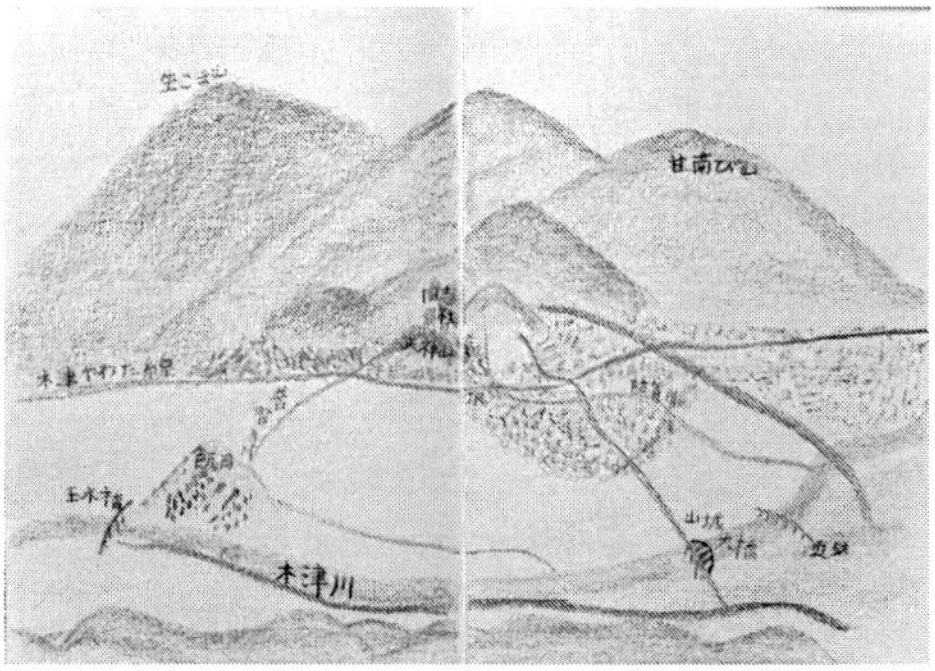

郷土学　学校の周辺を歩いて地図を描きます

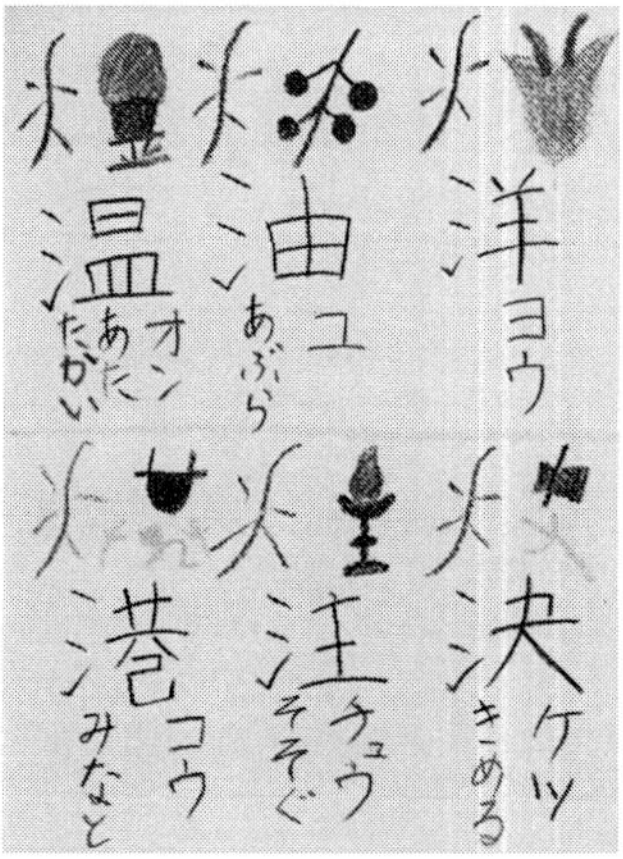

ことば　「氵（さんずい）」の漢字

動物学　ゾウ

をしているか、それぞれの動物の体のどこの部分が人間よりも強調されて優れた能力を持っているか、あるいは、その強調された能力によってどのように生活が限定されているか、教師の話を聞きながら、あるいは教師の問いかけに答えながら、動物のすばらしい能力と、それによって決まってくる生態を学んでいきます。

　こうした動物の学びは、動物を通して人間を学ぶということにつながっていきます。

　たとえば、人間はチータのようには速くは走れません。ビーバーのように立派な家を、道具もなしに作ることはできません。牛のようにすばらしい消化器官を持っているわけでもありません。それではそうした動物と比べたとき人間は、どのようなありようをしているといえるのでしょうか。

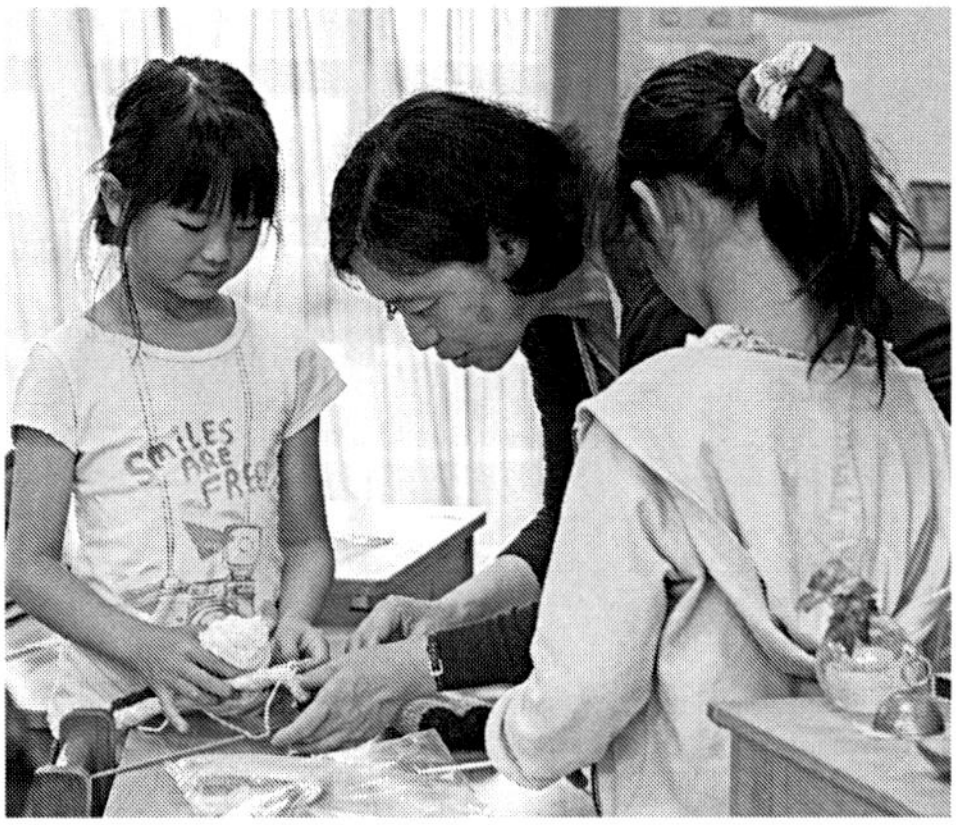
手仕事　棒針編み

　人間は動物と比べれば何も秀《ひい》でた能力を持っていません。けれども何か一つに秀でる代わりに、すべてを調和的に持ち、様々な状況に順応していけるという可能性を持っています。その人間だけが持っているものが手です。自分のためにのみ働くのではなく他者のためにも働くことのできる手を持っているもの、それが人間です。こうした学びを通して、何が人間を人間たらしめているのか、存在としての人間を見つめる眼を育てるのです。

もっとも身近な外の世界「郷土」を学ぶ

外の世界に目を向けていくという意味で、4年生から郷土学が始まります。まずは、自分たちの通う京田辺シュタイナー学校近辺の地域にまつわるお話を聞き、その場所を足で歩き、様々な物を見てまわります。地図では最初から地図記号を使うのではなく、自分の足で歩いたり見たりという実感のなかからまわりの情景を描いた絵地図を描くことから始め、徐々に記号にしていきます。

それはちょうど、最初に文字を習うときに、絵から文字を生み出すのと同じようなプロセスです。ここではそれらを地図に描いていくのです。

このようにしてだんだん自分の暮らす地域を知り、その豊かさを感じることで、その地に生きる喜びを子どもたちの中に育てていきたいと思っています。

また、個性がより豊かになっていくこの時期のお話としては、「古事記」や「北欧神話」を取りあげます。「古事記」や「北欧神話」には豊かな個性を持った様々な登場人物＝神様が出てくるからです。人間のいろいろな部分を強調したような豊かな個性が登場するお話をすることは、様々な能力を持つ動物を学ぶことと通底しています。

古事記

先生のスケッチから●4年生の授業風景(郷土学)

二月堂への竹送り

2月11日早朝、学校を出発した私たちは、山城松明講社の方々と観音寺で合流し、「二月堂竹送り」の旗について、竹薮へと入っていきました。この辺りには、直径10センチにもなる真竹が何本も生えています。

竹薮の外に、山城松明講の方々が竹を運び出して下さった後、「さあ、子どもたちにも持ってもらおうか」と声がかかりました。子どもたちは1本の竹を根元の方から背の高い順に並んで方に担ぎ、家々の点在している細い山道を降りていきます。

「うわぁ、重たい」と声が上がります。「高すぎ～。もっと下げて」後ろの方の子が叫びます。興奮のためか子どもたちの頬が紅潮しています。本人は一生懸命持っているつもりなのに、「ぶら下がらんといて」とまわりの子から言われてしまう子もいます。前の子どもとぶつかりそうになりながら、道を降りていきました。

舗装道に出てしばらくいくと道の駅。ここで大根の炊き出しの接待を受けました。あげといっしょにゆっくりと炊いたやわらかい大根を、大きな竹を切って作った器に入れていただき、ほっこり一息。その後、観音寺まで運びました。

ここで、すでに運び込まれていた6本の竹といっしょに道中の安全を祈願してもらい、竹に筆で一筆いれてもらいます。ここから地域の方々がさらに加わり、観音寺の住職さんに付き添われて、普賢寺川沿いの川辺を1本ずつ、また肩に担いで運びます。合計8本の竹が、1本、また1本と観音寺を出発するたびにゴーンとお寺の鐘が鳴り響きます。この地から竹が送り出されていくことを皆に告げているかのようでした。

奈良に入り、転害門で和太鼓とぜんざいの歓迎を受けました。ここから竹は、県庁前の大通りを通って、東大寺南大門、そして階段をのぼって二月堂へと運ばれます。この間の竹送りは、他の方々にお任せし、子どもたちは歩き回る鹿とたわむれておりました。（動物学で鹿を学んだばかりだったのです。）その後、東大寺の僧の出迎えを受ける直前に追いつき、修二会の時にお松明の登っていく登廊の横に立てかける、最後のところをまたさせていただきました。

今年は幸い2月11日は暖かい日でありましたが、厳しく冷え込んだり、雨・雪の年もあることでしょう。東大寺二月堂の1258回の不退の行法というのは、想像を絶するものがありますが、この「竹送り」を毎年行うということも、実にたいへんなことと思います。

「いろいろな人が少しずつ関わって竹を送り届ける」ということを大切に、この伝統を復活された松村さんをはじめとする山城松明講社の方々の、暖かく穏やか、かつ実行力のあるお姿に心打たれるとともに、子どもたちが、大切に一生懸命に何かに打ち込んでいる大人の姿にふれることができたという、とても貴重な体験ができたことをたいへんありがたく思います。

竹の重みとともに、歴史と文化の重みも身体にしっかり入っていったことでしょう。

地域の一員として、自分たちの力を出せたことに対しても、子どもたちは爽やかな達成感を感じたようです。今まで大切に囲われ、守られて育ってきた子どもたちが、まわりの世界へと目を向け、そこへつながろうと自分たちの手をのばし始めた、そんな時期へさしかかり始めたことを感じます。

ありがたいことに松村さんからは「また、これからもどうぞ」とのお言葉をいただきました。来年の4年生も、竹送りへの参加がずっとつながっていくといいな、と思います。

第 3 章

5年生から8年生までのシュタイナー教育

それぞれの学年の特徴とシュタイナー学校の授業

調和のとれた5年生

肉体的にも精神的にも調和がとれ、軽やかで、のびのびした時期です。

バランスがとれて美しい姿態を持つ5年生

3年生の内面のアンバランスな時期から4年生を経て5年生になると、ちょうど内面の深まりと外の世界へのひろがりとの間に、あるバランスが生まれてきます。肉体的にも精神的にも調和のとれた、のびのびした時期です。それは、子どもの姿に特徴的に現れます。5年生の子どもたちは手足がすっと伸びる時期です。そこには6年生以降にはみられなくなる軽やかさがあります。

シュタイナー教育のカリキュラムは、常に内面が深まってバランスが崩れると外の世界をひろげていくことでまたバランスをとる、ということを繰り返しながら子どもの成長を助けているとみることができます。

5年生は、3年生の危機的な孤独感を抜け出し、まわりの世界にも目を向けられるようになります。たとえば、それまでは自分とはち

バザーでのバンブーダンス

がう意見を持っている友達を受け入れにくかったのに、自分はこういう意見を持っていて、他の人は別の意見を持っているということを受け入れ始めます。また、自分の意見のちがいを表現する力を持つようにもなり、さらに内面を言葉で表現することができるようになります。そして、言葉を通して、より深いものを受け取ることもできるようになっていくのです。

そこで、たとえば国語では「誰々によるとこうらしい」といった伝聞の文章を使いながら、自分の意見と他の人の意見を比べながら、様々な意見を理解し、みんなの前で発表する練習を始めます。一人ひとりが持っている様々な考えに耳を傾け、それを比べながら、「自分はね」「でもね」と話すことの練習です。

また、外の世界へのひろがりと内面への深まりがバランスを持ってなされるようにと、世界へのひろがりとして地理を、内面の深まりとして歴史を本格的に学び始めます。

植物学の授業

地理では、４年生の郷土学で始まった身近な地域から、５年生以降、日本全体、アジア、世界へと学びをひろげていきます。それぞれの国については、そこにどんな風土があり、その風土のなかでどのように人々が生活をしているのかに重点がおかれます。何がどのくらい生産され、輸出されているかという知識ではなく、風土とそこで生きる人々のありよう、その国や地域の特色を語ることで、なぜその地域で、その地方で牧畜が盛んになったか、なぜ工業が盛んになったかを理解していきます。

一方の歴史では、様々な時代に生きた人物がどのような内面の葛藤をかかえ、どのように時代を切り開いていったか、それぞれの時代の人々の生き方を知り、考え、感じながら、自分の内面と関係づけていきます。5年生の歴史ではとくに、人間の意識の変遷に注目しながら古代の歴史を学びます。神の世界に帰ることを願った古代インドの話から始まり、世界を光と影、善と悪の戦いとして捉えた古代ペルシャ、地上は天の世界を写したものとして捉えたメソポタミア、さらに古代エジプトへと話はひろがります。こうした流れの中で、それぞれの地域が生み出した文化や文明の発達を学ぶのです。

古代ギリシアオリンピック競技会　マラソン

子どもの成長は人類の歴史を模倣する

シュタイナーは「一人の子どもの発達は人類の歴史を写している」と考えました。つまり、一人の人間の成長の中に、人類の誕生から現代までの歴史が相照らすように現れているというのです。この見方によれば、世界に目が向き始め、いろいろなことが調和的になり、芸術的な表現も行われる5年生はギリシア時代に当たります。体育ではこれに関連して、古代ギリシアで行われた、やり投げ、円盤投げ、レスリングといった5種類の競技を行い、秋にはペンタスロンと呼ばれる古代ギリシアオリンピックの競技会が開かれます。

先生のスケッチから●5年生の授業風景（世界史）

4週間あまりをかけて、古代世界を探検した5年生。古代インドからペルシア、メソポタミア、エジプトと、それぞれの地で自然と人間のありようを知り、そこで人間が見つけていったものなどをともに感じながら、旅をしてきました。

リグ・ヴェーダの唱歌に、ゾロアスターとアフラ・マズダの対話朗唱、メソポタミアでは粘土板にくさび形文字と自分の印章を刻み、エジプトではパピルスに草木の筆で象形文字を書きました。お話の地平にこうした様々なものが織り交ぜられ、それぞれの地に心から入り込む子どもたちは、一つの地が終わる時には「ああ……」とため息をもらしていました。

歴史のエポックのしめくくりは、古代エジプトから題材をとった劇「オシリスとイシス」。リズム感のある句には彼らの生命力が宿り、わずかな小道具を用いる他には、人と布が大道具（！）という設定の中で、子どもたちはそれぞれ秘められた役者魂を遺憾《いかん》なく発揮してくれました。

集中と集中の間にはいっしょに外をかけまわりながら、すーっとしなやかに伸びてきた彼らの四肢を、いのちのリズムが聞こえてきそうな表情を、まぶしく思うこの頃です。

年例祭での演劇発表

先生のスケッチから●5年生の授業風景(フリーハンド幾何学)

2学期最後のメインレッスンは、フリーハンド幾何学。エポックノート表紙のページには、抽象画家・カンディンスキーの言葉「図形は内なるひびきを持つ」が添えられました。

初日には、「円を見たことのない人に、物を使わず言葉だけで円を伝えるとしたら、どんなふうに説明したらいいか?」をそれぞれ個性的かつ文学的に表現し合った後、外に出て、みんなで実際にグラウンドいっぱいにいろいろな円を描いてみました。

しかし、言うはやすし、描くは……。子どもたちはエポックノートに、私は黒板に完璧な円を描くのに大苦戦しながら、日毎(子ども)、夜毎(私)の研《けん》鑽《さん》を重ね、様々な円の世界を探検すること数日。ほうっというため息が教室中にこだまするようでした。

中心を意識して美しい円を描こうとするその行為の中には調和した意思が働き、円の中心がしだいに遠くなって曲線がどんどん緩やかになっていったら、そのはてしない先では何が起こるのかを考えることで「直線」へ至るプロセスをイメージする。その中には、物質的なことと精神的なことの境界を越える思考が働いている、と改めて感じました。

直線から水平線や鉛直線が生まれ、それらが円と交わって四角(正方)形を初めとする様々な形が生み出される。そして、それぞれの角や辺を押したり引いたりすることでまた新たな形が生まれ出る。こうして毎日「形」と出会い、描き、その鋭さや鈍さ、平らかさや傾きを色によって丹念に表現していきました。まるで生命を持つかのような「動く」形たちと親しんだ3週間でした。

今頃、彼らのどこか奥深くでは、何が響いているのでしょうか……。

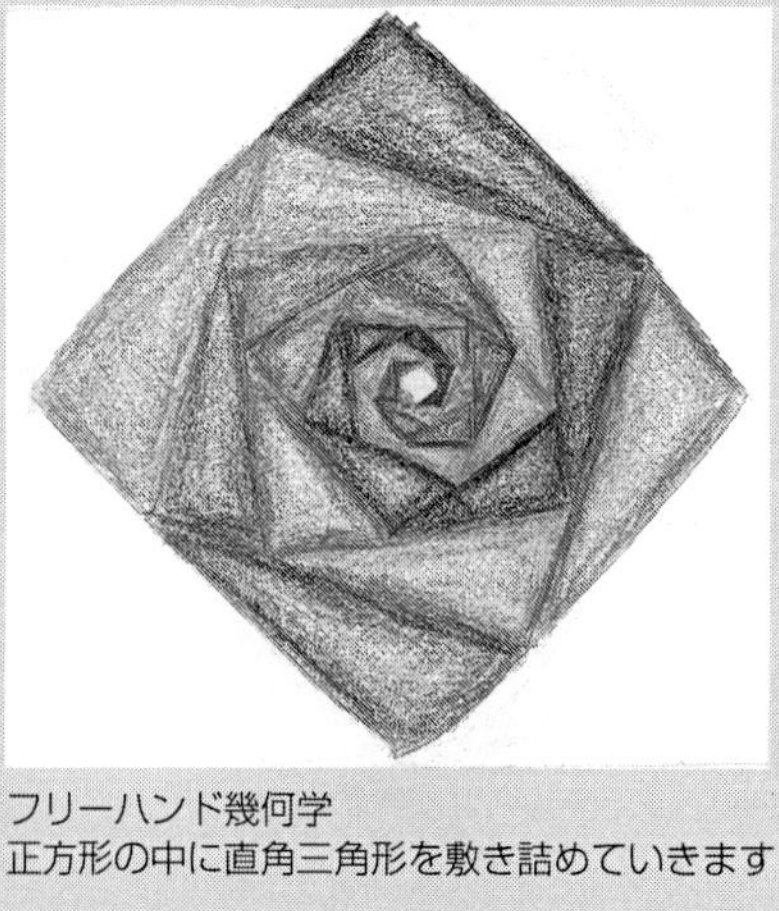

フリーハンド幾何学
正方形の中に直角三角形を敷き詰めていきます

それぞれの学年の特徴とシュタイナー学校の授業

「法則性」を学び始める6年生

子どもたちは「重さ」を感じるようになり、意識は「法則性」に向いていきます。

「眠い」「しんどい」と言い始める6年生

6年生になると、5年生のすらっとした軽やかさがなくなり、子どもたちの体は重い感じになります。歩き方もだらだらとひきずるような感じを受けますし、5年生までは軽やかに追いかけっこをしていたのに、6年生になるともう追いかけっこはつらいと言いだします。子どもたちの口から初めて、「眠い」「しんどい」という言葉が出てくるようになり、やたらに眠る子どももいます。思春期が始まる時期ですし、早い子には第二次性徴が始まり、女の子はふくよかになってきます。3年生は内面が深まることでバランスが崩れましたが、6年生では肉体のこうした成長によってバランスが崩れる時期に入るのです。

5年生から6年生への移行を、身体の中でリズムが支配的であった調和の時期から、もっとも物質的で機械的な部分である骨が、存在感を増す時期への変化であるとシュタイナーは言います。実際に子どもたちを見ていると、それまでの軽やかでしなやかな状態から、しっかりとした骨格を持ち始め、力強さが生まれたと感じます。

世界の美しさを物理的に見せる

3年生の時期のアンバランスが世界を客観的に見つめ始めるという新しい可能性をもたらしたように、6年生の時期も子どもたちは法則性に則って、世界をさらに客観的に観察する新しい可能性が生まれます。

この時期の子どもたちの意識には、因果関係や物質に対する理解がはっきりと生まれてくるので、物理学や鉱物学、幾何学が新しく始まります。これらの教科では、世界を支配している美しい法則性に触れさせることが大切になります。

物理学では、たとえば、子どもたちといっしょに、窓にダンボールを貼ったりカーテンをかけて真っ暗にし、部屋自体を大きなピンホール・カメラにして、小さな穴から入ってきた外の景色を教室のなかの壁に逆さまに映すといった実験を行います。

あるいは、均等な薄さの小麦粉で覆われた薄い鉄板に弦をあて、その弦をひいて音を鳴らすと、鉄板が音に振動して、小麦粉が美しい形を浮かび上がらせるという実験を行います。音と形というまったくちがう要素が一つにつながっている。そこからは、小さい頃に感じていた世界の一体感とは別のつながりを、もう一度取り戻す一歩が始まるようです。

物理学　クラドニプレートによる実験　音が作り出す形

また、なぜ空の色が青く見えるか、夕焼けの時にはなぜ空は赤く見えるかを理解するために、暗い部屋で水槽と懐中電灯を使う簡単な実験を行い、その原理を示すと子どもたちの関心は非常に高まります。

このように物理学では、物理現象を身近な例から見ていきます。そして、物理現象を通して、世界のすばらしさを子どもたちの目の前にさし出していきます。改めて世界の不思議に目を向けることで、子どもたちは世界の美しさに震え、感動するのです。

鉱物学でも、物質としての鉱物を学ぶのではありません。マグマとして地球の中で熱い熱を持っていたものが、激しい活動によって地上に現れ出て、冷やされ固い岩石となり、また風や水によって浸食され、海に流されていく――そうした非常にダイナミックな地質学的な時間の流れのなかで息づいている物質として鉱物を学びます。

幾何学の授業

幾何学はカリキュラムとしては5年生から始まりますが、5年生と6年生の幾何学には大きなちがいがあります。5年生では円を描くときもコンパスや定規を使わずに、フリーハンドで描くことで円という動きそのものを体験していたのですが、6年生では初めてコンパスや定規という道具を使って法則に則って正確に、ある意味で客観的に円や線を描くようになるのです。

体育でも法則性は意識されます。それまでの「みんなで楽しもう」といったゲームから、しっかりしたルールのあるものや、ペナルティを課せられるゲームへと移行していくのです。

白と黒だけを使って描く
光と陰の世界

美術では、これまでは三原色を使って鮮やかな色彩の世界を生き生きと楽しんでいたのですが、心の中に光と闇といった対極にあるものを感じとるこの時期には、いったん色から離れ、初めて木炭や鉛筆を使って白と黒だけを使う絵に取り組みます。

6年生ではまた、「ベールペインティング」という新しい技法を学びます。「層技法」と呼ばれるこの技法は、絵の具を混ぜるのではなく、画用紙の上で色を塗り重ねていく方法です。画用紙にごく薄い水彩絵の具を塗って乾かし、またその上に絵の具を塗ると、重ねて塗った部分の色がより濃くなったり、黄色と青を重ねると緑色に、赤と青を重ねると紫になるというふうに、微妙な色を出すことができます。ただし、1枚の絵を仕上げるために何十回も色を重ねることを繰り返さなければなりません。

シュタイナー学校では1年生の時から、濡れた画用紙の上に絵の具を置いてそのひろがりの中で色を体験することを繰り返します。そこでは水の力で色が自然にひろがっていくその様を味わうのですが、ベールペインティングではできあがりつつある絵を見つめながら自分が色を使ってそこに形を作り出すことを始めます。このように、色との距離も少し客観的になっていくのです。

幾何学　糸を張っての作図

先生のスケッチから●6年生の授業風景（幾何学）

6年生となって新たに出会う幾何の世界では、今まで円も曲線も直線も自らの意志の力で、素手で描いていたところに、初めて道具が導入されます。担任の用意した5色の替芯（のこぎりで短くした色鉛筆）入りコンパスに目を輝かせる子どもたち。グラウンドで両足を使って5重の円を描いた時の感覚をヒントに、みるみる使い方のコツをつかみ、円の6等分をモチーフに現れる様々な図に挑戦しては、その「正確さ」の織り成す「美」にため息をつきました。

しん……といつもよりひときわ深い静寂がひろがる作図の時間の集中のあとには、「今日のギリシア人」と題された、幾何学発祥の地ギリシアの哲学者のお話が始まります。幾何学生みの親タレスの旅や、彼が万物の素は「水」であると思ったこと、その後の人々の考えた、様々な「万物の素」……一つ一つの説に子どもたちは聞き入ったり笑ったり。

「……で、ホントのホントの答えは何なん、先生ー!?」——新たな哲学者の旅の始まりです。

ノートの最後のページには、五角形の作図を元にした薔薇《ばら》を中心に、白秋の詩が添えられました。「どんな色を、どんなふうにぬってもいいから、自分の薔薇を咲かせてごらん」

……けれども完成を待たず終了の時刻。続きの時間をまた取ろうね、と言って皆を立たせ、いつものように終わりの詩を唱えました。時は土曜、週末は目の前、いつもなら「さようなら」の言葉もそこそこにかけ寄ってきて握手をして帰っていく子どもたちが……一斉にすとんと座って、再び、黙々と「薔薇」の作図を始めた姿には、思わず息を呑みました。

それぞれの学年の特徴とシュタイナー学校の授業

心が深まり、世界へとひろがる7年生

思春期が始まり、感情がより豊かになる一方で、地球全体への関心が高まります。

世界を発見したいという欲求が起こる7年生

7年生は、内面の深まりとともに思春期が始まり、感情がより豊かに、激しくなってくる時期です。その一方で、外の世界への関心は身近なことにとどまらず、遠い国のできごとにまでおよび、世界を知りたい、発見したいという欲求を持つようになっていくのです。

7年生のテーマはこの「世界の発見」です。この時期に世界史では、ルネッサンスの時代を取りあげます。中世の時代、人々は権威の下におかれ、ある意味でその権威に守られていました。権威者の言うことが正し

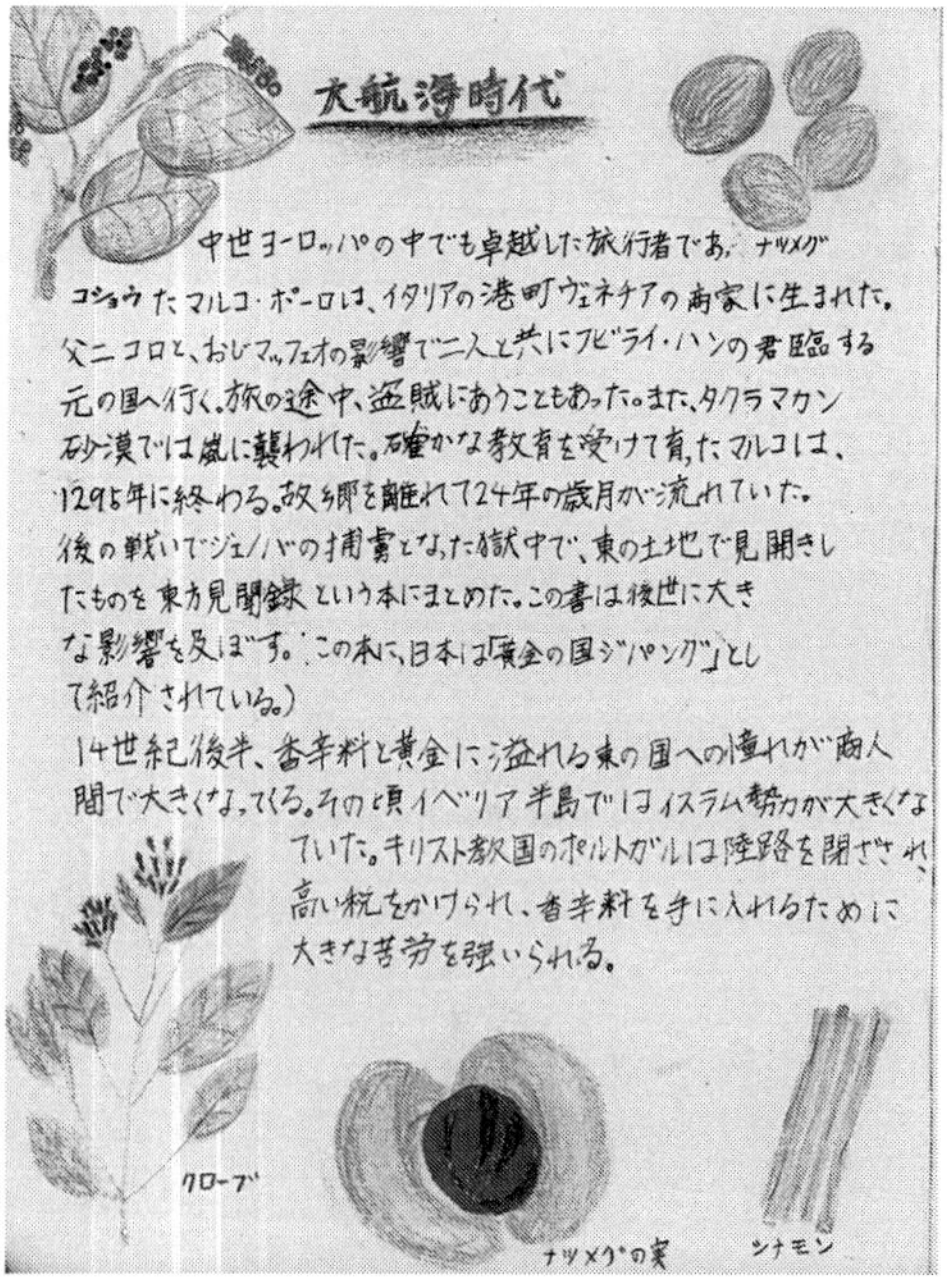

世界史　大航海時代

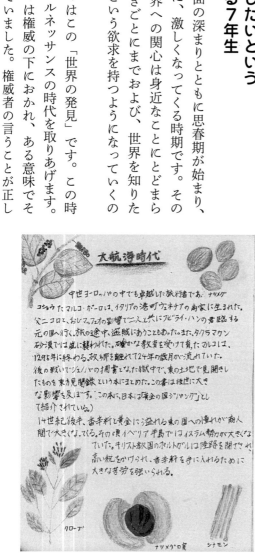

新しい世界・時代を見つけていった人々について学びます

いことであり、それを信じ、それに従って生きていたのです。けれどもやがて人々は権威者から離れ、自分の目で世界を見つめ、自分で世界を発見しようとし始めます。この時代こそ、7年生の時期にあたるのです。

未知なる世界に漕《こ》ぎ出して、新しい世界を発見しようとした大航海時代のマゼランやコロンブス、教会の権威と戦いながら地動説を唱えたガリレオ・ガリレイや、新しい宗教の復興を願ったマルティン・ルターの生涯、芸術の世界に新しい時代を築いたルネッサンスの芸術家たちの作品と人生。これらの話は、今まさに思春期の入り口に立ち、自分たちで新しい世界に漕ぎ出そうとする子どもたちの内面に訴えかけます。地理の授業では、普段は自分たちの世界とつながりの薄い、遠い地域の風土や人々の生活の様子を学びます。

化学、人間学、栄養学が始まる

理科の授業において、6年生のときには物理現象をみましたが、7年生では何かと何かが結びつくことによって形を変えて別のものを生み出すという「変容」に注目し始めます。何かと何かがぶつかってちがう物

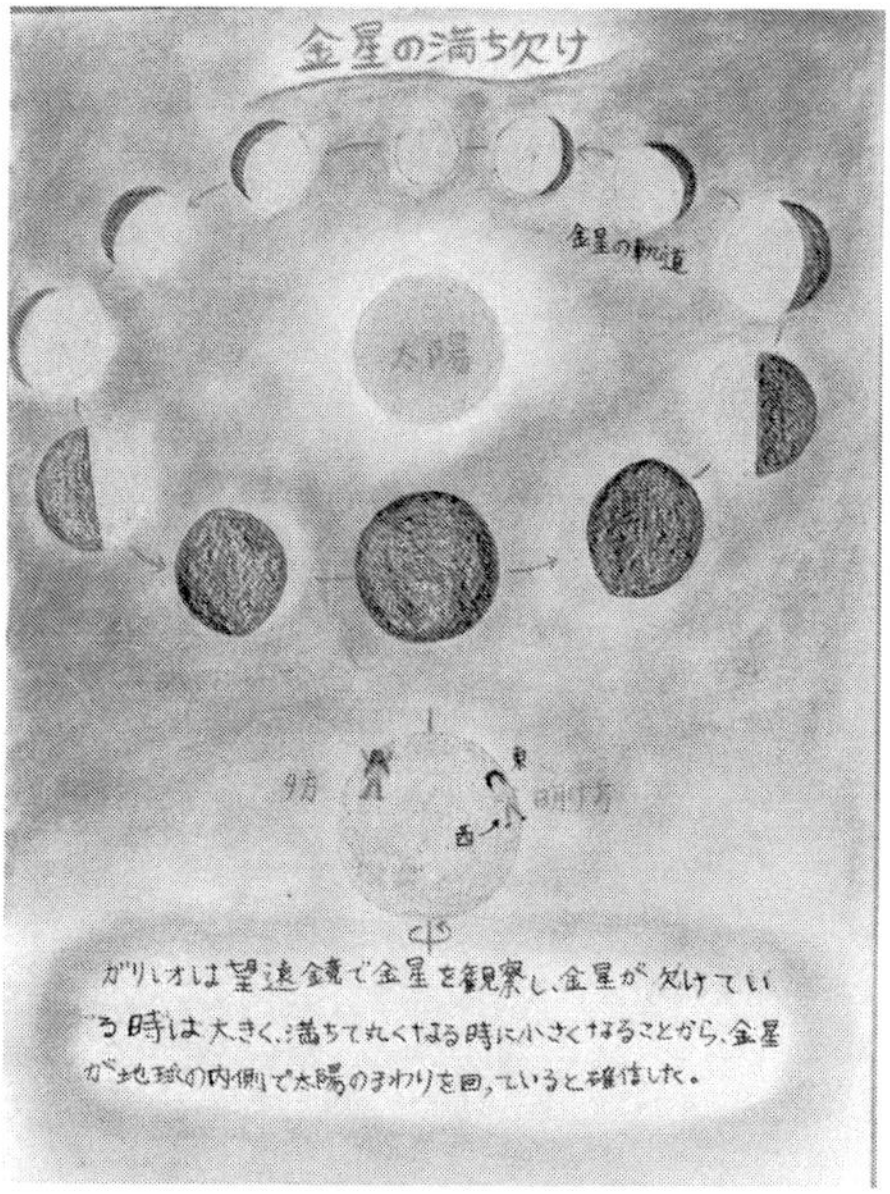

天文学　金星の満ち欠け

になったり、深く体験したことがやがて別のかたちになって現われるといった変容が、世界とのつながりのなかで大事になってくるのです。

7年生から新たに化学の授業が始まります。ここでもやはり、化学式や記号を覚えるだけではなく、たとえば燃焼とはどんなものかを、実際にありとあらゆるものを燃やし、その様子や後に残ったものを観察しながら考えます。

木は激しく光を発し、炎をあげて燃えていきます。太陽の力を受けて成長しながら、太陽の力を蓄えてきた木は、「燃える」という一瞬に、蓄えていたその力を外部に還していくようです。木が燃えた後には灰が残ります。地に落ちる灰の中にはアルカリ性があり、植物を大地に根付かせる根にはこのアルカリ性の働きが必要です。

このように、それぞれがつながりをもち、変容が感じられるように化学の学びは進められます。

また、新たに始まる人間学、栄養学では、人間の体内における燃焼としての消化と呼吸を学び、代謝と食物連鎖の学びを通して、人間がいかに自然とつながっているかを実感します。天文学では、自分を中心においた天動説の見方からの観察に始まり、徐々に相対的な見方を身につけ、地球の自転、公転（地動説）について学びます。

シュタイナーの考える人類の歴史と子どもの成長の関係によれば、5年生はギリシア時代、6年生はローマ時代と中世、そして7年生はルネッサンスの時代にあたります。日本史ではこの時期、室町、戦国時代を扱います。

先生のスケッチから●7年生の授業風景（国語）

狂言の取りくみを通して

思春期の中にあるこの時期、子どもたちの関心は外へ外へとひろがりを持つ一方で、自分自身の内面にも向かいます。そんな子どもたちに対し、「狂言」という日本の伝統的な古典喜劇を演じる上での一人ひとりの葛藤《かっとう》を通して、「自分」という存在に、より意識的に目を向けてもらおうという願いを込めて、この取りくみを準備してきました。

　祝日や行事の関係で、練習は実質15日間……この短い期間の中で、伝統芸能に出会うことから始まり、その内容を理解した上で、人前で演じるというのは、無茶なことともいえます。この予定を話したときの子どもたちの反応は、それはそれはブーイングの嵐でした。確かに、その気持ちはとてもよく理解できました。たった15日間で、どこまでのことができるのか？　十分なことができないのだとしたら、そのことに向かう意味は何なのか？　それは、この春先に狂言を年間計画に組み込んで以来の、私の私自身への問いでもあったからです。

　本を読み、実際に鑑賞し、狂言師の方に直接教えていただく機会も持ちました。子どもたちといっしょに発声し、動いてみました。そんな中で見えてきたこと……それは、うまく演じることをめざすのではなく、まねをすることをめざすのでもなく、いかに真剣に、真摯《しんし》に、自分自身と向き合い、いかにその作品を大切にできるかということでした。取り組む日数の長さではなく、その一日一日をどう過ごし、最終的にどう自分と向き合えるかということこそが、この取りくみ最大の鍵であると思えたのです。

　授業初日はまず、教師が短い小噺《こばなし》をするところから始まりました。笑いというものは、どういう時に生まれるのか？　そして、人間にとって笑いというものはどういうものなのか？　ということについて、小噺をする中で、笑いを交えながら真面目に考えました。

　2日目からは、短い狂言「しびり」に取り組み、狂言という芸能の持つ特徴について考えてみました。決まったように登場する主《あるじ》と太郎冠者《たろうかじゃ》という二人の人物。主従の関係にある二人の間のとぼけた掛け合いは、真剣に取り組めば取り組むほど笑いを誘われるというものでした。逆に、演じる人が笑い出してしまうと、なんだか見ている方は興ざめしてしまうということが起こります。狂言は、そもそも笑いをめざしている喜劇であり、見ている人の期待に対してしっかりと応えようとする姿勢が、笑いを生み出す源になっているようです。

4日目には、発表する演目「附子《ぶす》」に取りかかりました。少々長い作品で、子どもたちの頭に不安がよぎるのが感じられました。少しずつ意味を追い、内容をつかむことからの作業となりました。そうこうしている6日目に、狂言師、茂山茂さんをお招きすることができました。最初にいきなり「笑い」をご披露くださり、そのあまりの迫力に、みんな感動を覚えました。そして、石を投げたり、塀を越えたり、柿をもいで食べたりといった、狂言の特徴的ないくつかの基本動作を実技指導していただき、最後に実演をしてくださいました。

茂山さんのあまりのすごさに、子どもたちは、まねをしてまねできるものではないということに納得がいったようでした。腰を落としてすり足で歩く独特の「型」が生まれた背景やその大切さを尊重しつつも、各自が出せる声を腹の底から精いっぱい出すという、各人の自分自身との葛藤がここに始まりました。

「ぐわらり。ち〜ん」であるとか、「えへっえへっえ〜へっへっへっへっ」という大泣きをする場面など、恥ずかしさに対してとても敏感な時期にある彼らが、どこまで意識的に、どこまで意志して自分と向き合えるかがこの取り組みの最大の山でした。

練習を重ね、11日目に配役の希望をとりました。12日目には和紙で自分たちの肩衣《かたぎぬ》（衣装）を作りました。配役も、おおむね各人の希望を反映したところにおさまり、あとは追い込みで仕上げるだけのところまでやって来ました。ところが、ここからが問題でした。予想はしていたことなのですが、「照れ」「恥じらい」が大きな障壁として立ちはだかり、詰めの段階にきてなかなか仕上がっていかないのです。15日目（最終日）の「通し」を終えたところでは、完全に暗雲が漂っていました。

発表の場は練習最終日から9日後に用意してありました。その間、子どもたちはおのおのがしっかりと自分自身に向き合う作業を進めていました。そして、発表前日に衣装をつけてリハーサルとして舞台に立った子どもたちの表情は、それまでとはまったくちがうものになっていたのです。「これならいける」私はこの時、そう確信しました。

発表の場は、小さな子から親ごさんまでたくさんの人が集まり、ホールは熱気で包まれていました。古典的なセリフがわかりにくいかも……という心配をよそに、上演が始まるや否や、小さな子たちはゲラゲラと無邪気に笑い始め、演じる側もどんどん乗っていくことができました。ホール全体が笑いで包まれ、観る側と演じる側の双方が、とても温かな時間を共有したような気持ちになりました。

この狂言は子どもたちにとって、きっと思い出に残るものになったことと思います。もちろん未熟な部分をいくつも残してはいますが、それでも子どもたち一人ひとりの中で、来年の卒業演劇に向けての大きなステップになったものと確信しています。卒業演劇への取り組みがどんどん待ち遠しくなってきています。

狂言の発表会

先生のスケッチから●7年生の授業風景(地理)

　連休明けから世界地理のエポック「アジア」に入りました。もっとも近く、歴史的にも密接な関係にある韓国(「大韓民国」)から話は始まりました。その昔、飛鳥や奈良に都があった頃、私たちの学校のまわりは、渡来人と呼ばれる人々がたくさん住んでいた地域で、地名や石碑にその名残をみることができます。1時間ほどの史跡巡りで、子どもたちには朝鮮半島との関係の古さと深さを実感できたと思います。改めて、学校の立地の良さに感動を覚えつつ、授業は歴史的なつながりから地形や気候、そして人々の暮らしへ。現在の朝鮮半島情勢まで話が及ぶと、視点はやがて隣国中国……そしてシルクロードへとひろがっていきました。

　今回のエポックの中でとくに意識を置いたのが、東洋と西洋の間の陸のつながりです。現代人にとって、西洋は飛行機で移動する「空の向こうの国々」という存在になっていますが、中世の旅人マルコ・ポーロの話とともにシルクロードをしっかりと辿ることで、西洋との間に空白地域をなるべくつくらぬようアジアの諸地域を巡っていきました。

　アジアの粘土模型を少しずつ仕上げていったのですが、最初はヒマラヤ山脈くらいしか存在を理解していなかった子どもたちも、エポックの後半には、マルコが辿った高原や砂漠、草原や大河が印象の中に加わっていったようです。初めに自分が作った粘土の形状が、いかに実際とずれていたのかを実感しながら、思い思いに完成させました。

　地理の次は天文学です。子どもたちの世界観は、どんどんひろがっていきます。同時に、身長もどんどん伸びてきました。もう少しで私の身長を越えていきそうです。思春期も正念場に入ってきた、ということでしょうか。楽しみの尽きない日々です。

それぞれの学年の特徴とシュタイナー学校の授業

1年生から7年生までの総まとめ、8年生

これまでの学びを人間とそれを取り巻く世界とのつながりとして捉えていきます。

7年間の学びを統合するために気象学を学ぶ

8年生は1年生から7年生までの学びと、9年生以降の高等部へとつながっていく間の一区切りになります。いままで7年間習ってきたことのまとまりをつける時期であり、担任と過ごす最後の1年間になります。この学年では、人間とそれを取り巻く世界を有機的なつながりを持った一つの全体として捉えることがテーマとなります。

たとえば、これまで習ってきたものすべての要素が総合されたような形で気象学を学びま

地球学　大陸移動説

す。その中では、物理や化学で習ったことや地理や歴史で習ったことなど、様々な内容を織りこんで、地球のこの地方にはなぜこんな気候が生まれ、どうしていまのような風土になってきたのかというように、地球全体との関係の中で各地域に目を向け、さらに地球の全体像を作りあげていきます。歴史も現代までを一通り学んで一貫させます。

この時期のもう一つ大きなテーマとして「総合芸術としての演劇」に取り組みます。シュタイナー学校では折々に小さな劇を行いますが、8年生は卒業演劇として大きな劇を作ります。劇の中には文学があり、音楽があり、美術があり、手仕事で習ってきた集大成として衣裳づくりがあります。そうした様々な要素が織りなされている総合芸術としての演劇に、クラス全体で時間をかけてじっくりと取り組み、子ども同士、様々なぶつかり合いを経験しながら、一つの作品を作りあげます。

子どもたちの前に立ちはだかる「壁」としての教師のあり方

ところで、子どもたちは7年生くらいから、本当に知的に世界を知りたいという目を持つようになります。そして、「もう先生なんていらない。自分で世界を知りたいし、自分の考えを述べたいんだ」というような欲求も少しずつ育ち始めていきます。自分たちの理屈を通したくなり、先生が言ったからといって、それに従うことは受け入れられなくなってきます。教師への批判も多くなりますから、子どもたちと教師との話し合いは増えていきます。しかし、シュタイナー学校では、8年生までは、最終的に教師の言うことを受け取ってもらうことになります。教師は一貫して「権威者」として子どもたちの前に立ち続けようとします。またその必要性も感じます。

子どもには確かに「もう先生はいらない。自分たちは自分たちで立てるんだ」という思いがあふれてきますが、この時期の子どもたちは話し合いはできても、おのおのが自分はどうしたいか、というところにしか

授業風景　先生と対話しながらみんなで学ぶ

立っていません。自分はこうしたい、でも他の人はこうだから、全体としてどうまとめていくのがいいのかという視点は持てません。5年生くらいから受け入れはじめた他者の視点が、話し合いの中で本当に発揮されるにはもうしばらく待たなければならないのです。そこで、全体として意見をまとめ、最終的な決断をする存在が必要です。それが担任教師の役目です。

こうした教師の態度は、子どもたちにとっては「うっとおしい」ものに受け取られるでしょうが、この時期の子どもたちの前に立つ教師は、むしろ子どもたちがぶつかる「壁」になる必要があるのです。

8年生の間は「壁」として立ちはだかる教師にしっかりとぶつかり、その中で自分で立つ力を十分に育ててから、子どもたちは8年間ともに過ごした教師のもとから巣立っていきます。そして、いよいよ「自分で世界を発見していってごらん」と、9年生が始まります。

先生のスケッチから●8年生の授業風景

8年生卒業を振り返って

2011年度8年生を卒業したクラスを3年生から6年間担任して来ました。パワフルな子どもたちとの日々は紆余曲折、波乱万丈。曲がり角を曲がれなかったり、スピードオーバーで突っ走ってしまったり。子どもたちを健康的に導くという課題は楽しくもあり、苦しくもあり。元来なまけものの私にとって、日々の努力を怠らないということが、何より新しいチャレンジでした。この6年間の中でも最後の卒業演劇はクラスとして最高潮の時間であったし、私自身の最大のチャレンジでもあり、大きな学びをさせてもらえた時でした。しかし、そこへ向かうまでの日々の授業もまた、熱を込めたとても大切な時間で、本当にたくさんの思い出があります。子どもたちと感動をともにしたり真理を探ったりした毎日が、今とても愛おしく感じられています。

【3年生】「先生、壁からお米が生えたらいいなあ!」

休耕地をお借りして開墾から汗を流した稲作は、たいへんな労力を伴い思い出深いものになりました。また作業そのものだけでなく『自分たちの力が込められた稲』が実ってゆくように、子どもとともにドキドキしたものです。晴れた日はかけ足で、梅雨の時期には傘をさし週1回の田んぼに出かけ、成長する稲を期待と不安交じりで見守りました。収穫した稲は土壁の家作りにも生かしました。壁に練りこまれた藁には米つぶも紛れ込み、もしかして次の春に芽を出すかもしれないと皆でワクワク(まれにそんな事があるとか)。新米教師の私も自分の手を動かして何かに働きかけることで、新しい何かが生まれる可能性を子どもたちと学ばせてもらった1年でした。

【4年生】「次はどんな動物?」「○○のこと聞かせて!」

初っ端からみごとな暴れん坊っぷりを見せてくれ、子どもたちとは彼ら自身を振り返ってもらうような話をすることが多かったのですが、動物学を始めた頃から休み時間にも授業の話をたくさんするようになりました。ネズミを語れば一日中ネズミになりきり、ペンギンを語ればペンギン歩きが流行。イカを学べば家で食べたイカのカラストンビを持って来てくれ、休み時間中イカの話を一生懸命してくれたこともありました。また牛を取りあげているときには、私が牛を飼っていた頃の生活を聞きたがり、質問攻めにあいました。ひとつの題材で会話が広がり、外界への興味が深まって、そしてもっともっと世界を知りたいと願って明日を迎える。学びという栄養で彼らの世界が明るく開けていくような感覚を得た、とても感慨深い年でした。

【5年生】「計算おもろい！」「もっともっと！」

朗らかという言葉がこんなにぴたっと来る年はなかったように感じます。ただの計算練習や漢字練習が小気味よく生き生きと進み、苦手な事にも軽快にチャレンジできた年です。また、子どもたちそれぞれが描く豊かな理想に、それぞれの実力が追いついてきて、作りあげるものに正確さと美しさがでてきました。たとえば形やバランスをとるのが難しく根気の必要な複雑なフォルメン線描をどの子も粘り強く描きあげました。この力を獲得するまでにたいへん苦労した子もいます。これまで思い通りにフォルムが描けずふてくされていたことも、涙を流しながら練習したこともありました。熱を込めた学びの終着点は晴れ晴れ！　その自信にあふれた姿は忘れられません。この年様々な場面で、胸に抱く理想を自分の努力で結実させる充足感というものが子どもたちにとってそれはそれは大切な事なのだと学ばせてもらいました。

【6年生】「なるほど！」

クラスによっては思春期モードに突入するのですが、このクラスはまだまだ明るさあふれる1年でした。地理のエポック、「降水量の少ないナイル川の中流、下流域でなぜ年に1度川は氾濫するの？」という問いかけに、一同一生懸命黒板の地図やそれまでの話を思い返し、その理由を探ります。少しの静かな間のあとに「あっ‼」皆の視線が一人の男の子に。「川の上流はずっとずっと南の高い山。春に雪が解けて流れるんや！」一同「ほお！」「すげえ！」「なるほどー！」「じゃあ、その水が下流に着くまでに何日かかってるんやろ？」「ナイル川って何㎞やったっけ？」みんなで計算して「おおっ！」。物事の因果関係がわかり始め、メインレッスンでの質疑応答に変化がみられるようになりました。私は、やり取りから授業が発展していくおもしろさにワクワクさせてもらい、ひとつエポックが終わるたびになぜだか一人ひとり少し大人っぽくなった気がした不思議な年でした。

【7年生】「だるー」「ぎゃはは！」

化学エポックのある実験で、私は

とんでもない大失敗をしてしまいました。「危ない!」息を呑んだ一瞬。必死の形相。すぐに危険は回避されましたが、焦っている私。……と、子どもたちは、爆笑、爆笑!爆笑の渦!!「ぎゃははは!」「この実験一生忘れられへん!」「先生おもろー」10分以上も爆笑が続き、その後もなんとハッピーそうな1日だったこと。「先生のおかげでやる気でたわ~!」だそうです。思春期の扉をたたき、重そうな体と揺れる気分に態度が左右される子どもたちでしたが、笑いと驚きは子どもたちに軽やかさを思い出させてくれ、クラス全体を躍動的にしてくれました。

また、自ら目標を持って行動を起こすと何をやるにもダイナミックになってきた時でした。彼らの実行力の象徴だと思うのが、この年のバザー〝蜜蝋ロウソク千本製作〟(通称〝ロウソク千本ノック〟)。子どもたちの製品チェックは厳しく、実際には千本を超えるロウソクづくりでした。計画を実行に移す力、彼らが持っている底力に感心させられる日々でもありました。

しかし、7年生後半に行くに連れ、子どもたちのテンションは右肩下がり。私の顔をみると、あからさまに不機嫌になる子もいます。家庭で私の悪口しか言わない子もいる様子。(にもかかわらず保護者の方々がなんと寛容だったこと!ありがとうございます!)教室に入ると必ず誰かが私を出迎えてくれていた朝はもうすっかり過去のものになっていました。

【8年生】「最後のメインレッスンやってん」

1学期初めの3ヵ月間は重い重い月日でした。この頃、個々に起こっていた批判的な態度や気分の波に左右される言動が、クラス全体のムードを大きく支配するようになっていました。彼らの感情の大波にのまれないよう、担任は明るさと気合を保ち続けなくてはなりません。しかしこちらの余裕がないと、子どもの辛らつな言葉を受け、真面目に返しすぎて場がギスギスしていく……。彼らのイライラをちょっとしたユーモアで返してあげたらよかったかもしれないのに、どつぼにはまってお互い疲れるという状態もありました。私の〝あと1年〟という焦りや、仕事量の多さや先(修学旅行、バザー、卒業演劇など)の不安からくる余裕のなさが様々な難しさを呼びこんでいたのだと思います。もつれた糸をどうほぐしたらよいのか、途方に暮れた時もありました。ただ、子どもにとっても、私にとっても授業、とくにメインレッスンは救いだったと思います。ともにひとつのことに思いを寄せ、学びを深める時間はとても楽しく、新しい発見のたびにいっしょに感心しあって笑いあって…。心に風が吹き抜けるよ

8年生　卒業演劇　発表を終えて

うな爽快感を共有することもありました。

この年の修学旅行、ミニプロジェクトは、クラスが次のステップへ進むきっかけとなった大きなものであったし、卒業演劇は確実にクライマックスで最高の学びと本当に幸せな瞬間であったのですが、最後のメインレッスンはまた格別なものでした。〝メインレッスン〟は日々の〝メイン〟（主たるもの）であり、これまで子どもたちと私が一番つながっていた時間だと感じます。それが終わるということは、彼らが私から卒業していくということです。私は特別な思いでその時間に望み、特別に子どもたちをしっかりみながら授業を進めました。しかし、その日は想像以上に普段通り。いつもと同じく、物事を暑苦しいほどに考え話し合い感心する彼らがそこにいて、いつものような時間が流れていきました。私は授業をしているというのに、なぜだか心の片隅で「ああ、こうやって毎日をともにしてきたなあ」と道程を振り返ったり、子どもたちの顔や教室の風景を心に刻んだり。また、まったく特別なものでないこの最後のメインレッスンをうれしく思ったりしていました。さてその時間の終わりに「これで、8年間のメインレッスンはおしまいです」と告げると、子どもたちは急に我に返ったように、「はっ!」「えー!!」。授業に没頭していたのか、ボーっとしていたのか、最終日だということを皆忘れていた様子です。そして、彼らは急に「終わってしまったー!」「もっと真面目にやればよかった!!」「りえ先生!!」ぎゃあぎゃあと大騒ぎ。わざわざ「ありがとうございました」と頭を下げてくれる子も（卒業までにはまだ1ヵ月あるのですよ）。直後の数学の時間にも、「今日、最後のメインレッスンやってん」と思いを語って盛り上がっていたそうです。うるうると涙を浮かべていた子もいたと聞きました。（わたしもその時間、教員室で涙…）この〝普通〟にすぎた最後のメインレッスンと〝驚き〟のその後の様子は、本当に特別な思い出です。

【旅立ち】

高等部進学式の朝、学校にいるのにクラスの子どもたちといっしょにいないことが不思議で、私はドキドキしていました。毎日していたおはようの握手も、もうありません。舞台の上で新しい担任の先生と並び抱負を述べる子どもたちを目にした時、本当に彼らが私の元から卒業したのだと大きな実感がわいてきました。新しいステージで私の知らない彼らの世界が広がっていくことでしょう。

今子どもたちと会うと、なぜだかいつも照れくさいような、こそばゆいような気分になります。私の手を離れて少し大きくなった彼らが一層可愛く眩しく見えているこの頃です。

彼らのこれからが明るく希望に満ちたものになりますように。力強く歩いてくれるであろう未来を楽しみに感じています。

8年生　卒業セレモニー

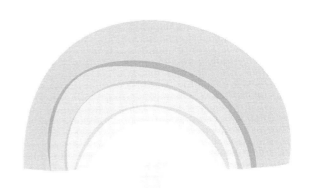

第 4 章

高等部、思春期、そして卒業へ

それぞれの学年の特徴とシュタイナー学校の授業

高等部での学び

新しいステージへ

高等部に進学した生徒たちは、担任の教師に守られ導かれて過ごした日々と別れ、自分たちで歩む練習を始めます。少し先を進む上級生たちや今までの学びを共有してきたクラスメイトと協力しつつ、ここからは自分自身が考え動くことが求められます。学びも活動も、与えられるものではなく、自らが自発的に取り組み、その成果を獲得するものになっています。

高等部4年間の成長

高等部での4年間に、生徒たちの内面は一年一年変化し、広がり深まっていきます。彼らは日々の中で、それまで無意識であった自分の「感情」を認識し、客観的に把握できるようになります。また自分の「思考」を整理し筋道を立てて考えていくこと、自分の個人的な感情を切り離して思考することを学び始めます。このような生徒たちの内的成長を助け対応するように、各教科ではより大きく社会・世界へと視野を広げ、また人間が築いてきたより高い技術や芸術に触れていきます。こうした学びを基盤として培われる普遍的なものや真理を求めようとする姿勢は、人間社会

射影幾何学　作図

の未来を思い描く力につながっていきます。また、物事に自ら触手を伸ばし主体的に思考する「意思」の力と、知識や学びを通して得たものを自分の中で咀嚼し、新たなものへと発展させることのできる創造性や柔軟性も養われていきます。

一方で、生徒たちの内的な問いは自分自身に向けられていきます。自分自身について、進むべき道について、それぞれが葛藤しながら模索しつつ卒業への歩みを進めます。

自主的な活動として　コーラスグループ「GLEE同好会」

成長を支える学び

このような生徒たちの成長に添って、高等部では大きく分けて教科と実習・プロジェクトなどの活動という二つの流れで学びが展開されます。カリキュラムには、知的な教科の学びに加え、語学、芸術科目、体育、オイリュトミー、さらに本格的な技術に触れることを意図したＰＫＥ（実践的芸術的科目）を設けています。また特別授業として、伝統文化に触れる体験やある分野の専門家として生きる大人に出会うことも大切にしています。

それぞれの学年の特徴とシュタイナー学校の授業

9～10年生の時期

世界への視野を広げ、社会に対する関心を持ち始める9年生

活動範囲や人間関係がぐっと広がる9年生では、1年間をかけて社会に目を向け、視野を広げていきます。思春期には自分を取り巻く世界や社会に対して疑問を抱いたり、反発する気持ちを示したりしますが、それは生徒たちが今まで以上に世界や社会に強く関心を示していることの表れでもあります。

各教科の学びにおけるキーワードは「対極」。たとえば近代史においては、戦争が起こった背景とともに対立している様々な立場や主張を学び、歴史を深く捉えていきます。食と農の授業では、現代社会が抱える食や農業の諸問題に触れ、身近なところから世界の食料問題、環境問題にまで意識を広げます。こうした学びの後で行う農業実習は、農業の未来に果敢に挑む人たちとの出会いの場となり、また初めて大人にまじって労働することは自分の力を試す機会にもなります。その後の職業プロジェクトでは、社会で働く大人の方に仕事についてインタビューさせていただくことを通して仕事や実社会について知ると同時に、社会人と話す練習にもなります。一方、身体が重力に支配されるこの時期に、人体のもっとも物質的な部分である骨格の形態と機能、および力学的法則を学びます。

対極の中から徐々に中庸を見出す10年生

10年生になると、重さや暗さを漂わせる時期に入ります。その重さや暗さは、それぞれが「自分とは何か」「自分はこれからどのように生きていくのか」といった問いを持ち始めることに根ざしています。自分

の内に湧き上がる問いが深くなる分、物事をみる視点は多様になっていきます。

この時期に自らの立ち位置・根源を感じられるような授業として、機材を使用した精密な計測作業と三角比を使って地図を作成する測量実習や、人類の起源を探りながら家族の絆や人間とは何かといった問いを探っていく人類学などに取り組みます。

文学の中では、自分たちが使っている母語に改めて意識を向け、日本の心や精神性について考えます。同時に異文化交流体験ではアジアの人たちと積極的に話し交流することをめざします。異文化に触れ、それを理解することは、それぞれの民族性について考えるためのよい刺激にもなります。

また、クラスで〝悲劇〟に取り組み、登場人物の感情や自分の内面を掘り下げることを通して人間の感情への理解を深めていきます。それは思春期により複雑になっていく自分自身の感情を客観的に見つめることにもつながります。

これらの学びや活動を通して、生徒たちは相対する立場や考え方の間に自分の立つ位置を見い出し、自分自身という「中核」を温め始めます。

このような変化に伴い、生物の授業では生命力をテーマとして、人体の中で流れるものを取りあげ、刻々と変わっていく外的環境の中で固体の生命を維持していく様々なしくみを学びます。美術では白黒のみが使われた時期を終えて、再び色彩が用いられるようになります。

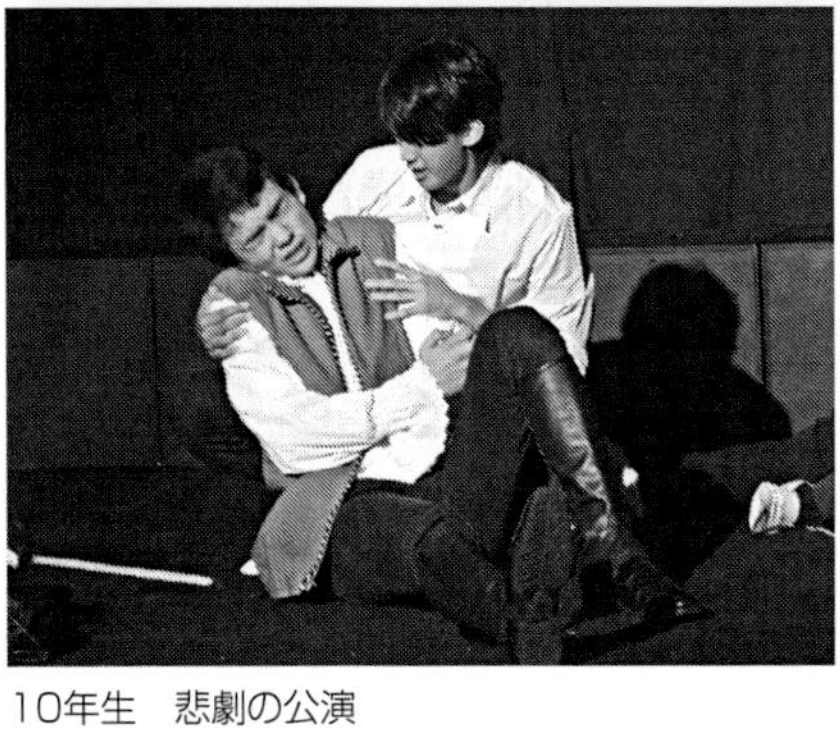

10年生　悲劇の公演

それぞれの学年の特徴とシュタイナー学校の授業

9年生　食と農

食といのちを考えながら、自分のまわりから世界へと、視野を広げていきます。

自分の身のまわりを見つめるところから

9年生の秋の〝食と農〟の授業は、生徒たちが楽しみにしている一週間の農業実習が組み込まれるエポックです。

授業の初日、スーパーにずらりと並んだ牛乳に改めて目を向けてみると、乳脂肪率や殺菌方法などこれまで見過ごしていた各商品ごとの違いに気づきます。それらの事柄に驚きながら事実を確認していく中で、牛乳をめぐる現状や生産に関わる問題一つひとつに出会っていきます。またそれらの問題は、社会の様々な側面につながっていきます。たとえば社会の経済活動に組み込まれた中で、自分の信念を貫いて牛乳を作ることの困難さや、それでもよいものを作ろうとする生産者たちにとって消費者の支えがいかに大きいかなどにも触れます。現在の食品産業界での常識と、その現場で働く人々の状況もみます。食品産業の現状は、世界の食料問題や日本の農業政策、食物連鎖における化学物質の生態濃縮、環境問題とも切り離せないものになります。

こうして生徒たちは、自分たちの身近な「食」を見直してみるところから、農業、流通、食品産業、地域社会、日本の政策、そして世界の現状へと視野を広げていくことになります。

食べることの根源的な意味

一方、「いのちをいただく」という観点で食べ物を

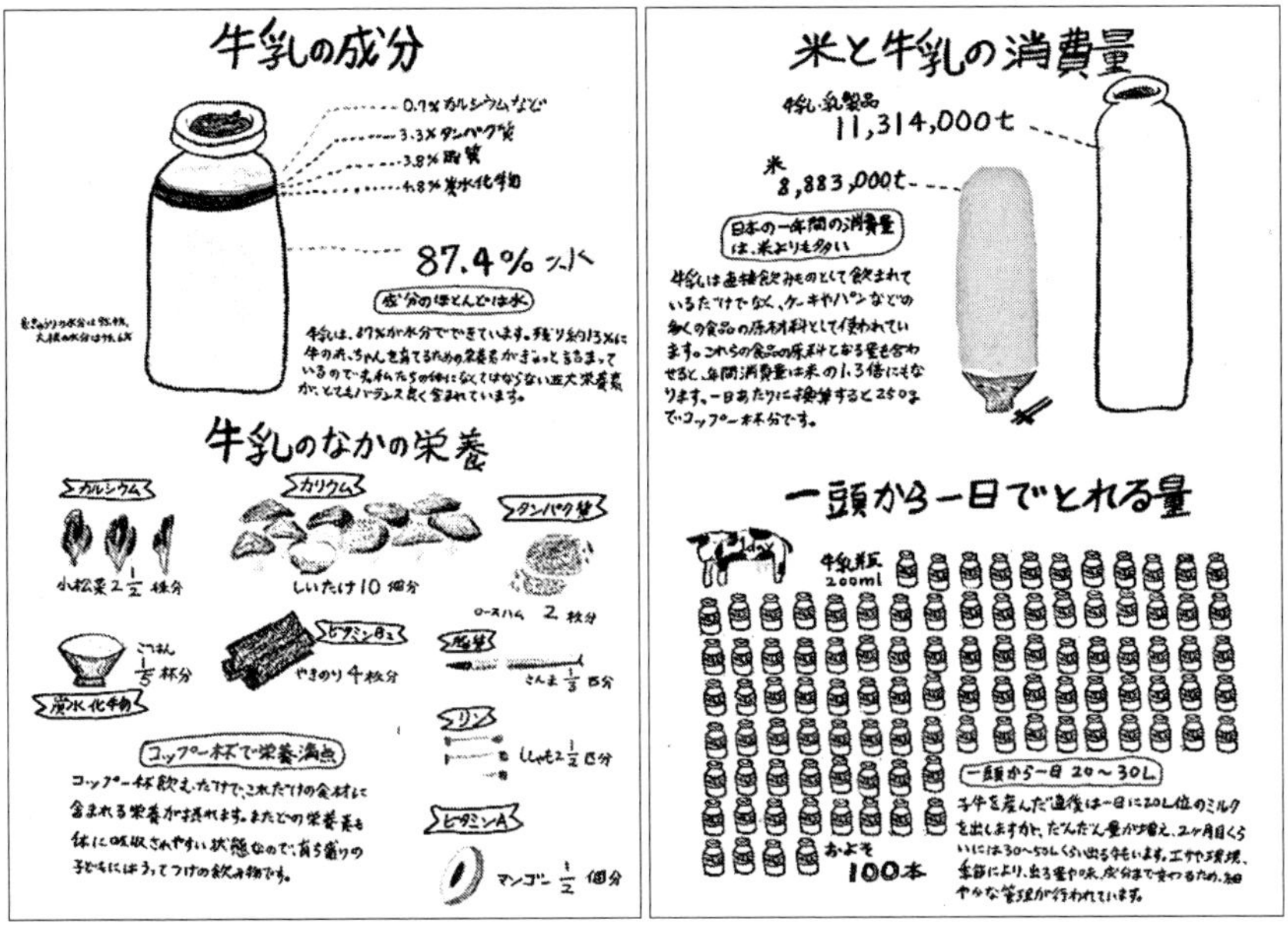

生徒が作ったノートより　身近な牛乳について調べる

食をめぐる問題

見たとき、忘れてはならない食べ物への向かい方があります。食べ物を食べるということの根源的な意味も考えていきます。

「食べることは生きること」「何を食べるかはどう生きたいかの表現」。エポックを終える頃、生徒たちはこれらの言葉をリアリティを持って実感することができるようになります。彼らにとって、これまで何気なく過ごしてきた自分の生活に光をあて、意識的に暮らしていく一歩になることを願っています。

先生のスケッチから●9年生　モクモク手作りファーム「農業実習」

活気あふれる、モクモク手作りファーム

食と農のエポックを終えて、9年生はクラスで「農業実習」に向かいます。これからの農業のあるべき姿を果敢に模索する三重県伊賀市にあるモクモク手作りファームでの実習は、生徒たちにとって本当に貴重な経験になっています。

20年前、廃業の危機に立たされていた伊賀地域の養豚業を何とかしようと始まったモクモク手づくりファームの取り組みは、身土不二・地産地消の精神とこだわりのある食品作りで、農業と消費者をつなぎ、新しい農業の可能性を求めて、現在も次々と展開されています。そして若者たちが続々と集まってくる、活気とパワーのあふれる場所です。私たちを取り巻く「食」の問題を考えるとき、「それでは今一体何を食べたらいいの？」とただ滅入ってしまいがちですが、一人ひとりが何を考えどう行動するかで未来を変えていくことができる、それを体感し元気をもらえる所だと直感しました。八方ふさがりで行く先困難に見える事柄にも、明るく楽しく向かって行くほんの小さな一歩、生徒たちにその行為の大きさを感じてもらえたらと思っています。

仕事と出会い、人と出会う

ファームで生徒たちは、野菜畑、果樹園、しいたけハウス、牧場、野菜市場、レストラン、フードショップ、のんびり学習牧場（観光牧場）、おかず工房という職場から二種類の仕事を選び、三日ずつ実習します。「一日8時間労働なんてできるのかな？」。生徒も教員も少し心配しつつ始まりますが、「仕事が楽しい！」「スタッフさんがおもしろい！」と夢中で働くうちに時間がすぎて、あっという間に最終日

ジャージー牧場

を迎えます。毎年生徒たちは「帰りたくない」と言いながら帰路につきます。生徒たちがそれぞれにその職場のスタッフの方に魅かれて、「こういうところで働きたい」と言う姿を見て、本当に貴重な出会いをいただいていることに感謝しています。

畑仕事

学校に帰ってからの振り返りの中で生徒たちは、「仕事」の厳しさや「職場」という環境の大切さ、「自分の適性」についてや、一次産業、二次産業、三次産業の仕事の質のちがいや課題など、様々な気づきを語ります。

一方ファームの方々からは、「本当に素直で気持ちのいい子どもたちだった」「一つのことをじっくりとていねいにやってくれる姿に感心した」「とても勘のいい子だった」などの言葉をいただいています。またモクモク手作りファームの方々を本校にお招きしたり、農業について講演していただいたりとつながりも深まっています。

スタッフの方との交流会にて　生徒から歌のプレゼント

それぞれの学年の特徴とシュタイナー学校の授業

10年生　測量

三角関数から測量へ
――知識を実際の場で活かす

本格的な思考力が育ちつつある10年生では、様々な科目を通して思考力の育成を図ります。その中の測量エポックでは、数学エポックで学んだ三角比が生活の中でどのように用いられるのかを実際に体験すると同時に、自分たちを取り巻く世界を思考によって把握する体験をします。

授業で扱うのは、レベルやトランシットなどの測量器具の操作法とそれらを用いた水準測量・三角測量・平板測量、さらに関数電卓を用いたデータの計算、および測量データに基づく地図の作成などです。

仕事の正確さを「誤差」という数値で知る

こういった作業を行う際に、とくに注目すべきものに「誤差」があります。たとえば水準測量の作業では特定の2点の高低差を計測しますが、そのとき、片道ではなく、往復して行き帰りの高低差を求めることで自分たちの測量の誤差を知ることができます。また、三角形の3つの内角の大きさをトランシットで計測する場合、理論上の内角の和（180度）に照らして実測値のずれを求めることができます。このようにして生徒たちは、自分たちの仕事の正確さを「誤差」という数値で知ることができるのです。

計測した回数や距離などにもよりますが、水準測量の往復の高低差がミリメートル単位であったとか、三角測量で〝秒〟単位のずれしかない、といったことになると、これはちょっと感動ものです。（学校のトランシットでは1度の60分の1〔1分〕の、さらに3分の1〔20秒〕まで測定できます。）生徒たちもそんなときは満

皆で水平を保ちます

足して、いかにも誇らしげな表情を見せるのですが、センチメートル単位、あるいは〝度〟単位でずれていたときには、計算結果が出るやいなや、こちらが注意する前に「つまり……こういう仕事をしていてはいけないということですね（実際は関西弁）」と納得して、多くの場合、「行ってきます！」と自分たちで測り直しに行きます。

行動の結果が、きちんと自分に返ってくる

複数のグループのデータを合わせて地図を作る場合、地図上でぴったり重なるはずのデータが食い違ってしまうことがあります。そんなときには、互いのデータを照らし合わせて検討し、修正・訂正を行うことが必要となります。値のずれが小さければ互いのデータを平均するのですが、個々の値が大きく食いちがうときには、どちらがより信頼できるものであるのか検討する必要があります。そんなとき、感情をぶつけ合うのではなく、現実に即して議論を重ねていくことは、10年生の時期にふさわしい課題です。また、測量のように自分の行動の結果がきちんと自分に返って

くることも彼らにとって、とてもよい経験になります。なかなか難しいことではありますが、彼らが世界から直接学び取れるように授業や実習を整え、組み立てていくことを大切にしています。

トランジットを用いた角度の測定

レベルを用いた高低差の測定

先生のスケッチから●10年生　異文化体験プロジェクト

プロジェクトの始まりから実現まで

立命館アジア太平洋大学（以下ＡＰＵ）の職員であるＫさんが、京田辺シュタイナー学校を訪れたのは２０１０年秋のことでした。「おもしろい学生だな」と思ったら京田辺シュタイナー学校出身だったということが何度かあり、学校やシュタイナー教育に興味をもたれたとのこと。シュタイナー教育やＡＰＵに進学した生徒たちのことなど話は多岐に渡りましたが、最後にＫさんからご提案をいただきました。「ＡＰＵには様々な国から人が集まってきています。国際交流に興味がおありでしたら、喜んで話を進めます」。ＡＰＵ異文化体験プロジェクトは、そんなＫさんの一言から始まったのでした。10年生にとって「広く世界に目を向ける機会」はとても貴重なものとなるはず。ＡＰＵの方々とも意見交換し、徐々に研修を形にしていきました。

プロジェクト全体の様子

秋休み中の二日間を研修に使い、移動はフェリーで夜から朝にかけて、というたいへんハードな日程でしたが、生徒たちは今回のチャレンジをとても楽しんでくれました。様々な学生の話に一生懸命耳を傾ける生徒たちの真剣さや、その合間にパーっと広がる、はじけるような笑顔は、見ている私まで爽快な気持ちにしてくれました。

勇気を出して呼びかけます

初めの街頭インタビューでこそ、恥ずかしそうにしていた彼らでしたが、徐々に大胆に話しかけ、英語でのやり取りを楽しみはじめます。

プレゼンテーションでは中国・ツバル・ドイツ・ベトナム・バングラデシュなど様々な出身国の学生たちが、自分の国のことを英語で話してくれました。ツバルの学生さんは、「今、自分の国が、地球温暖化の影響で海に沈んでなくなろうとしている」と、切々と話してくれました。小グループでのディスカッションでは皆が一生懸命耳を傾け、熱心に英語を聞きとり話していました。最後には自分の理解した内容をグループごとに一人ずつ英語で話しました。バングラデシュ出身の学生の体験を語ってくれたグループは「日本に来てはじめてトイレに入り、便座が熱くて飛び上がったこと」や「スイッチがいっぱいあり、そのスイッチを次々に押してみたこと」を、おもしろおかしく話してくれ「ユニーク賞」を獲得しました。

学んだ内容を５分間で発表します

自分たちのテーマで質問

生徒のコメントより

この機会は生徒たちの中に様々なものを呼び起こしました。

「たくさんの異国の人たちと触れあえるのは非常にうれしかったです。一見怖そうなのに、話すととてもジョーク好きな人で、楽しい話を聞かせてくれました」

突撃自力インタビュー

「国によって話し方、声のボリューム、食べるもの、食べ方、歩く速さ等々、ちがうことはいっぱいあるのに、こうしていっしょに暮らせるんだなあ、と思いました」

「国際学生さんとの交流は、英語を学ぶモチベーションをあげる意味でもとてもいい経験になりました。英語での交流はうまく話せず落ち込みもしましたが、意志伝達の道具として英語があるということを強く認識しました」

こうして研修を終えた生徒たち。学校に戻ってからは「日々の学び」が、〝新たに〟始まります。

PKE（実践的・芸術的科目）

高等部での各教科の学びは、世界へ、現代へ、普遍的真理へと広がっていき、一方で諸実習により学校外での活動が活発になるのに伴い、社会との接点も増えていきます。さらにカリキュラムの中には、実践的・芸術的科目の授業が組み込まれ、より専門的な技術や伝統的な文化に触れ、またその世界で活動されている先生方（職人さんなど）に出会う機会となります。こうした活動は生徒たちの世界を広げていきます。

9年生

●園芸

京都府井手町のみどり農園さんにて、果樹の手入れを体験します。

ぶどうの収穫

●木工

「鉋」の基本的な使い方に慣れ、平らで広い板（滑らかな天板）をもつ机（家具）を制作します

机の制作

●陶芸

土をこねることから始まり、手での成形や中身のくり抜き、ひもづくり、手回しろくろの使い方など基礎的な技術を習得します。後半は自由制作が中心となり、自作デザインの湯呑みやコーヒーカップ、ボウルなどの日用品やオブジェなどを作ります。

器

小皿

コーヒーカップ

●彫塑

古代エジプト、ギリシア、ローマの立体人物像の写真をいろんな方向から観察しながら、土粘土で模造していきます。これらの体験は10年生での美術史の学びにつながっていきます。

卵形から変形させる練習の作品（右側手前）
腕を前にした人物像（左側奥）

●鉄打ち

京都府山城の鍛冶師義定刃物さんにて、自作デザインのナイフを作ります。

削り、磨いてナイフにしていきます

鉄を熱い状態で叩く

10年生

●美術

木炭、水彩、油彩を通して、自分の内側で感じるものを表現します。また、色の混色を体験し、そこに生まれてくるものを味わいます。

水彩（上）
木炭画（下）

●手仕事

平織りを用いて織りの基本から学び、千鳥格子やあじろ織りなどの「柄織り」「綴れ織り」などに挑戦します。単純な作業を淡々と続ける中で、静かに自分と向き合います。

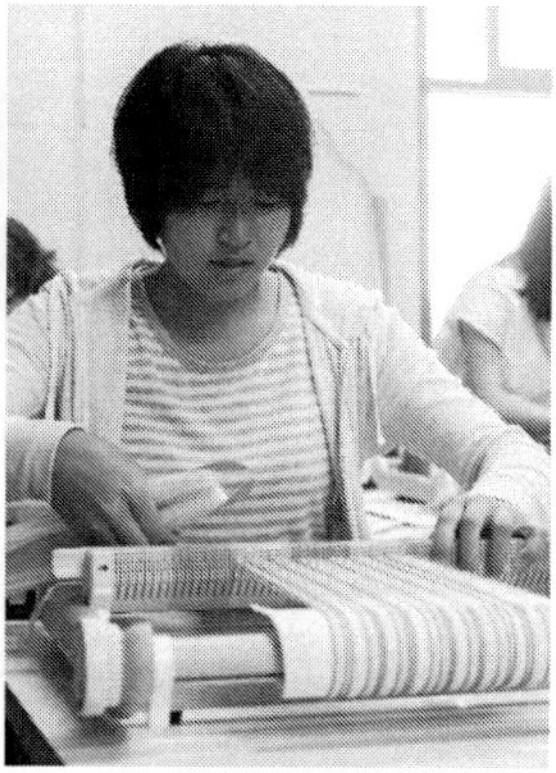

マフラーの制作

●銅鍛造

平板からじっくりじっくり形を打ち出して、銅皿を作ります。

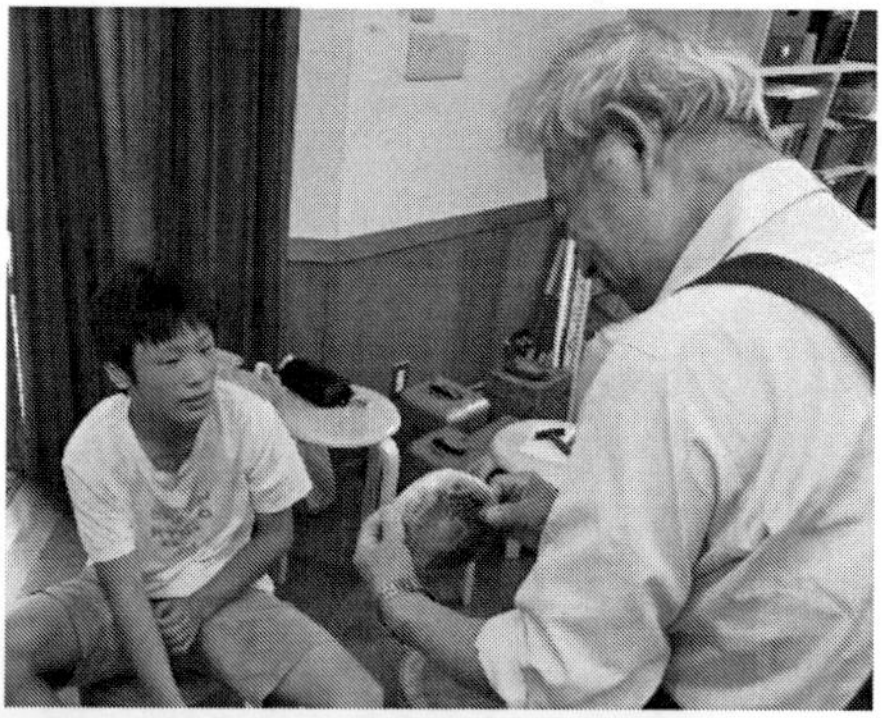

先生にゆがみを見てもらいます

コンパスを用いて皿底の型どりをします

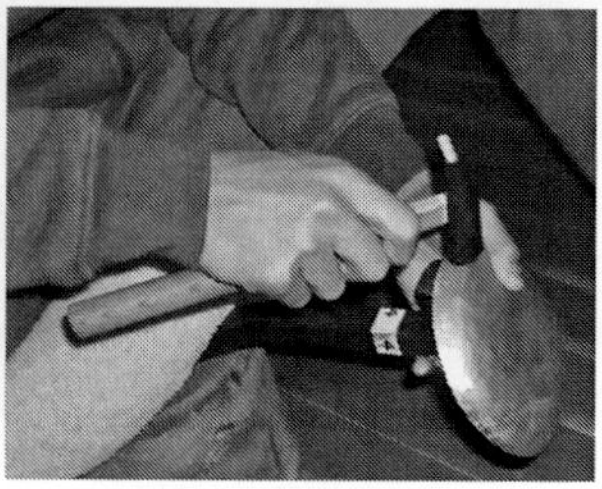

かなづちで打ち出していきます

11年生

●銀細工

自作デザインを銀の箔に細かく打ち出していき、ペンダントトップを作ります。

ペンダントトップ作品

銀箔を形に切ります

●美術

白黒コピーされた絵画作品の中から一つを選び、木炭でその模写を行います。次に、模写を通して感じ取った主観的な要素を、今度は油彩絵具を使って色彩ドラマで表現していきます。また、形を単純化させたり、変化させたりしながら抽象的表現を試みます。

白黒コピーの木炭での模写（上）
油彩　色を使って（下）

●木工

箱物作りに挑戦することを通して、「蟻組み」「あられ組み」と呼ばれる基本的な二つの木組み方法に触れます。ミリ単位の細かな作業になるため、製作に先立って、設計から製図を描き起こす作業も行います。

ティッシュケース

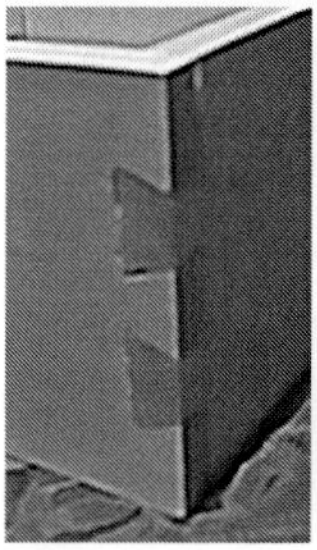

蟻組み

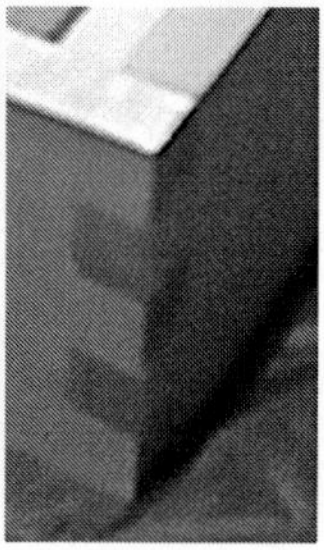

あられ組

木箱

●表装

日本の紙の文化である表装の伝統的な技術を学びながら、和綴じ本などを経て本格的な製本を行います。これは作業の一番最初に、最終段階までの工程を見通した計画性とミリ単位の正確さを必要とする仕事となります。

最後に、卒業アルバムや卒業プロジェクトの作品を自分で製本します。

卒業プロジェクト　製本して仕上げられた作品

人と出会う

高等部では、年間に2～3人の方をお招きして、その方の人生について語っていただく「人と出会う」という時間を持ちます。今、目の前に立っていらっしゃる方が何を思い、どのようにこれまでの人生を生きてこられたのか、それを聞くことも「自分は将来何をしてどう生きていくのか」を考えるきっかけになります。

ご自身の人生について語ってくださった志村ふくみさん

衝撃的だったキベラスラムの子どもたちの現状
早川千晶さんの講演より

それぞれの学年の特徴とシュタイナー学校の授業

11〜12年生の時期

人生を具体的に考え始める11年生

自分という中核が目覚めることで、生徒は今までより深く自分の内面に目を向け、自分の人生というものについて具体的に考え始める時期に入ります。11年生になるとすぐ、生徒たちは1年半の時間をかけて取り組む卒業プロジェクトのテーマについて考え始めます。労働実習で働く職場を探すことと卒業プロジェクトのテーマを決めることは、簡単なことではなく、何度も面談が繰り返されることも少なくありません。テーマを見つけるために、「自分は何が好きか」、そして「それはどうしてなのか」と自らに問うていくことで、自分自身について深く考察することになります。福祉実習や労働実習での体験は、実習後クラスで分かち合い話し合うことでさらに深められていきます。

この時期文学では、人間の成長を探る作品として〝人生の旅〟をテーマとした騎士物語「パルチヴァール」に触れ、人生の目的や人が生きる意味、危険、様々な愛の形、自己の内面などについて考える機会を持ちます。また論ずるという授業では、自分の考えを言葉にすること、自分の主張を論理立てて他者に提示することを練習します。

一方で思考力がより強まるこの時期は、目に見える現象から思考の力を駆使して物質の根源の姿に迫る原子論を学ぶとともに、思考の力によってのみ到達できる数学を学ぶことで人間を超える真理の世界に触れていきます。また、生命の連続性を細胞学の中に学びつつ、他方で天文学を学ぶことで自然や人体を生み出す形成力に宇宙の法則を見出していきます。こうした学びを通して真理や宇宙の秩序を実感する力を培っていきます。

シュタイナー学校での学びの集大成となる12年生

高等部の最後の１年間は、メインレッスンでのすべての教科がその分野と関わる未来をテーマに組まれます。ユークリッド幾何から新しい世界観への転換となる射影幾何、技術の先端と倫理の問題を問う科学、日本の精神性と未来を考える文学、経済社会の未来を問う現代社会などが行われます。

またこの学校での12年間のすべての学びの集大成として、11～12年生の２年間をかけて卒業演劇と卒業プロジェクトに向かいます。卒業演劇は「クラス」、卒業プロジェクトは「個人」としての活動でありながら、そのどちらもが「クラス」と「個人」両方の相互作用によってのみ、より高みへ向かうことのできる取り組みであり、長く付き合ってきた友だちやクラス、そして自分自身との新しい出会いを体験する貴重な機会ともなります。この２年間を通して、おのおのの中に「自分自身への目覚め」とともに「全体への意識」が生まれていきます。

卒業プロジェクトを自分の進路を考える手がかりとして卒業後の方向を選んでいく生徒も多く、またそのとき卒業演劇をともに成し遂げたクラスメイトとのつながりが、先へ進む自分の「常に帰っていける場所」となっていきます。

演劇合宿の風景より

それぞれの学年の特徴とシュタイナー学校の授業

11年生　数学

11年生の数学では、数列、指数・対数、微分・積分などを学びます。三角比・三角関数、確率など、10年生までの数学の内容はまだ日常生活とのつながりが感じられますが、11年生以降の内容は、日常生活とはまったく関係がないように見えます。数の並びの中に法則性を見つけ出す数列などはその最たるものかもしれません。けれどその数列を学ぶことで、私たちは、たとえば植物の描く螺旋形のなかに成り立つ法則（フィボナッチ数列）や、惑星と太陽の位置の間に成り立っている法則性（ボーデの法則）を知ることができるようになります。

このように、高等部で学ぶ数学は日常生活から離れ私たちを取り巻く世界や宇宙とつながる内容に発展していくのです。対数や微分は、天文学者や数学者たちが宇宙の法則を見い出すために発見した計算方法でもあります。

12年生最後の数学の授業では、アインシュタインの相対性理論について学びます。そしてその理論がたとえばカーナビの中にどのように応用されているかなどを知ります。

自分とはつながりを感じられないほど抽象的なものに見える数学が、実は自分のまわりにある世界や宇宙につながっていることを知り、数学を通して世界や宇宙の調和の取れた美しさを感じてくれること、高等部数学ではそのことを願って授業をしています。

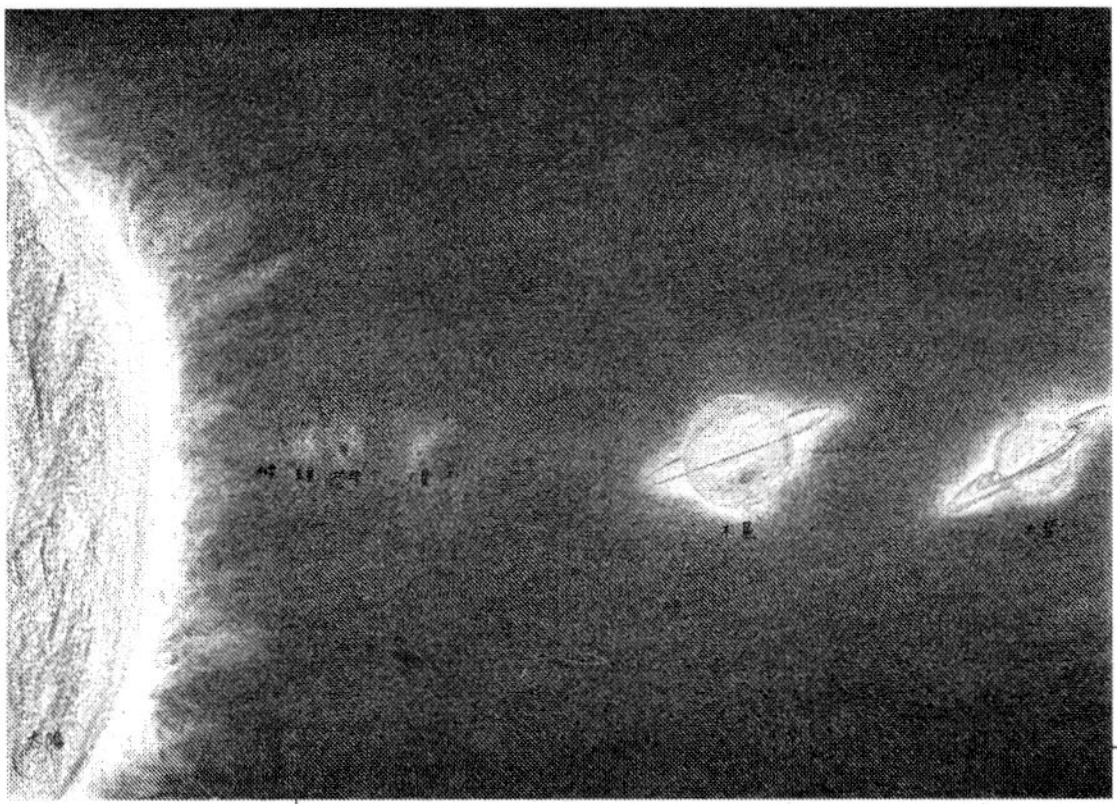

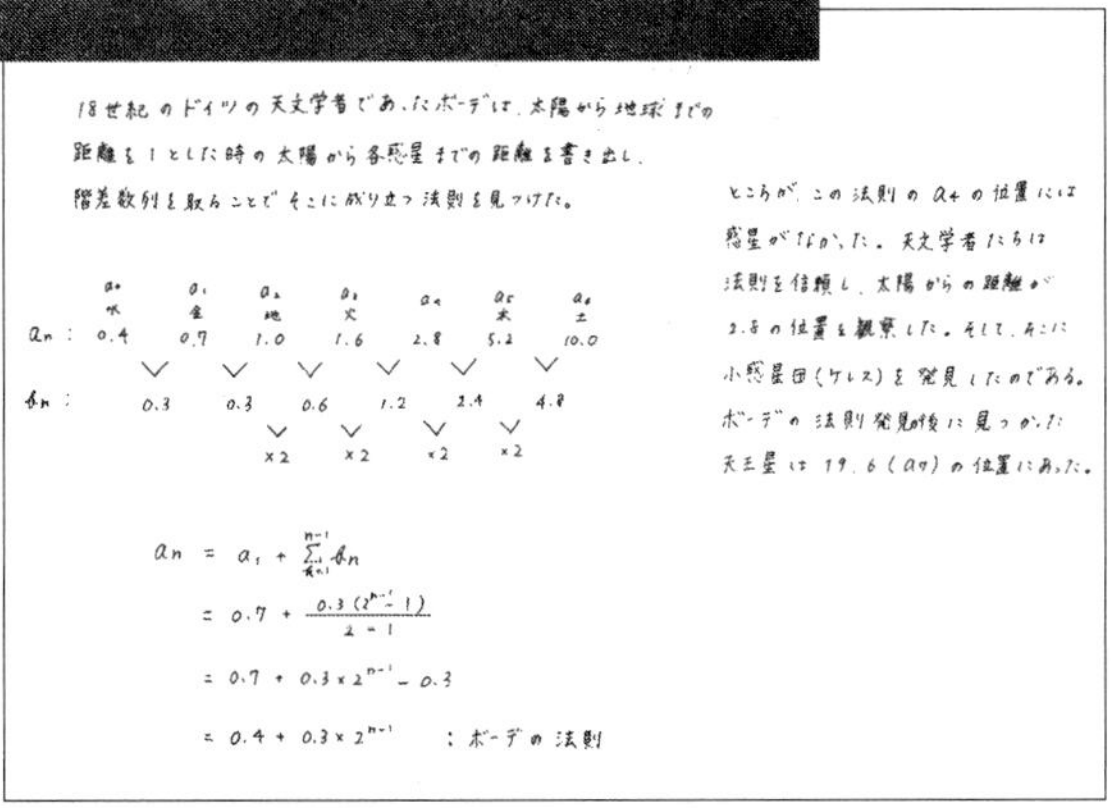

18世紀のドイツの天文学者であったボーデは、太陽から地球までの距離を１とした時の太陽から各惑星までの距離を書き出し、階差数列を取ることでそこに成り立つ法則を見つけた。
a0 水　a1 金　a2 地　a3 火　a4　a5 木　a6 土
an : 0.4　0.7　1.0　1.6　2.8　5.2　10.0
bn : 0.3　0.3　0.6　1.2　2.4　4.8
×2　×2　×2　×2
$a_n = a_1 + \sum_{k=1}^{n-1} b_n$
$= 0.7 + \frac{0.3(2^{n-1}-1)}{2-1}$
$= 0.7 + 0.3 \times 2^{n-1} - 0.3$
$= 0.4 + 0.3 \times 2^{n-1}$　：ボーデの法則
ところが、この法則のa4の位置には惑星がなかった。天文学者たちは法則を信頼し、太陽からの距離が2.8の位置を観察した。そして、そこに小惑星団（ケレス）を発見したのである。ボーデの法則発見後に見つかった天王星は19.6（a7）の位置にあった。

数列

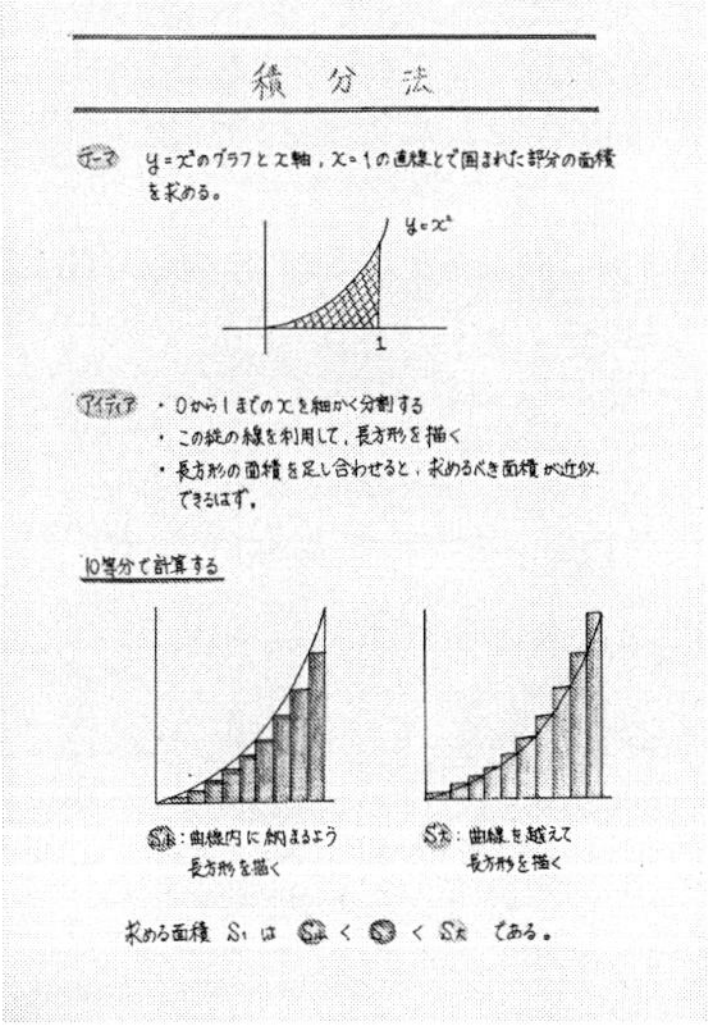

積分法
テーマ　$y=x^2$のグラフとx軸，$x=1$の直線とで囲まれた部分の面積を求める。
$y=x^2$
1
アイディア　・０から１までのxを細かく分割する
・この縦の線を利用して，長方形を描く
・長方形の面積を足し合わせると，求めるべき面積が近似できるはず。
10等分で計算する
S小：曲線内に納まるよう長方形を描く
S大：曲線を越えて長方形を描く
求める面積Sは　S小＜S＜S大　である。

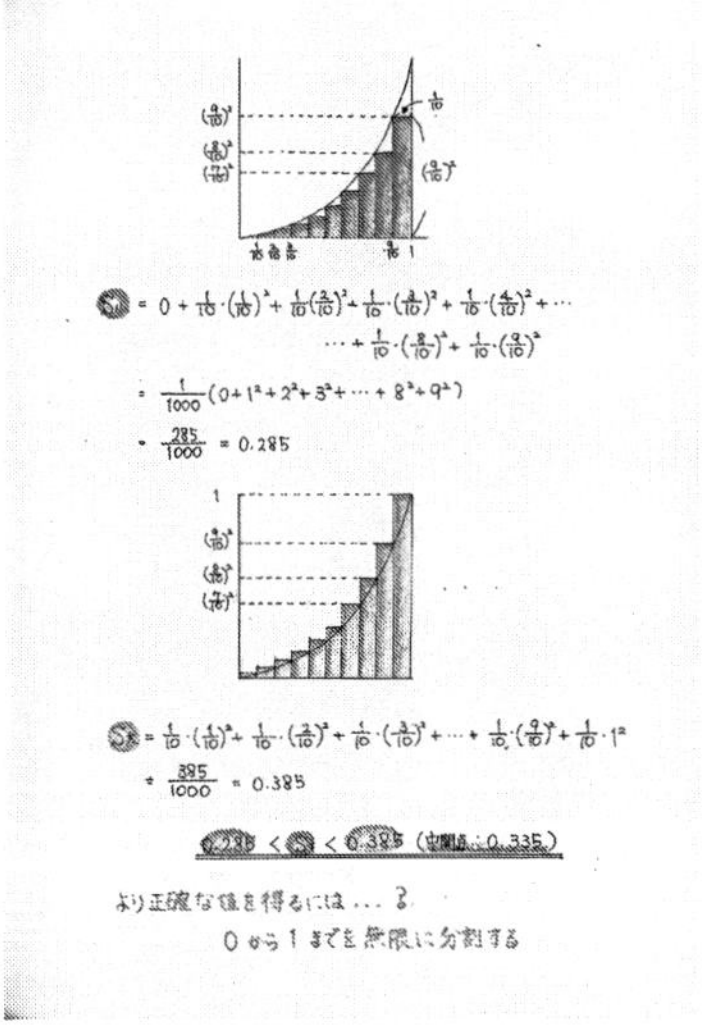

S小 $= 0 + \frac{1}{10}\cdot(\frac{1}{10})^2 + \frac{1}{10}(\frac{2}{10})^2 + \frac{1}{10}\cdot(\frac{3}{10})^2 + \frac{1}{10}\cdot(\frac{4}{10})^2 + \cdots + \frac{1}{10}\cdot(\frac{8}{10})^2 + \frac{1}{10}\cdot(\frac{9}{10})^2$
$= \frac{1}{1000}(0+1^2+2^2+3^2+\cdots+8^2+9^2)$
$= \frac{285}{1000} = 0.285$
S大 $= \frac{1}{10}\cdot(\frac{1}{10})^2 + \frac{1}{10}\cdot(\frac{2}{10})^2 + \frac{1}{10}\cdot(\frac{3}{10})^2 + \cdots + \frac{1}{10}\cdot(\frac{9}{10})^2 + \frac{1}{10}\cdot 1^2$
$= \frac{385}{1000} = 0.385$
0.285 ＜ S ＜ 0.385（中間点：0.335）
より正確な値を得るには…？
０から１までを無限に分割する

積分

それぞれの学年の特徴とシュタイナー学校の授業

11年生　労働体験実習

現場で働く人たちと出会い、働くことの意味を体感し、自分の将来に思いを馳せます。

学校の外に出て社会を体験すること

高等部の教師たちが開校時よりずっと、折に触れて皆で話したり確認したりしている高等部で大切にしたいテーマのようなものがあります。それは「実際に人と出会い、現実の社会に触れる」ということです。

これからの自分の生き方を本気で模索し始めるこの時期に、生の人、生の社会に触れ、体験し、触発されることは、彼らにとって大きな意味を持ちます。学校の中での学びを豊かなものにするのはもちろん大切ですが、学校の外に出て社会を体験することが、この時期の生徒たちにとっていかに大きな意味を持つか、開校時より生徒を見てきた私たち教師は、強く感じてきました。各学年での実習を高等部での学びのもう一方の柱とすべく、この11年生の労働体験実習にも、取り組んできました。

4月の生徒ガイダンスに始まり、5〜6月に生徒一人ひとりと面談を実施、それと同時進行で、希望の分野の労働体験先を探し出し、受入れをお願いし、ご挨拶に伺います。分野・業種によっては、なかなか受け入れてもらうことができず、夏休みの最後の時期まで行く先が決まらなかったケースもあります。

労働体験先は毎年多岐に渡ります。幼稚園やレストランを始めとし、CM制作会社、馬の調教施設、音楽制作会社、歴史美術館、乳児院、バレースクール、気象予報士、ファッションの小売関係、市場調査的な要素をもつ会社、ローカル＆グローバルな活動をするNPO、ユニークな自動車学校などなど。なるべく希望する職種を体験できるよう保護者、教師も受入れ先探しをサポートしますが、自分自身で行き先を決めてくる生徒もいます。

「自分ひとりで立つ、ということの意味を実感した」「地味で単純な作業が、華やかな活動を支えているのを感じた」「どれほどたいへんであっても、笑顔で楽しく働いているのが偉いなあと感じた」それぞれの分野で、今までまったく知らなかった事を知る喜び。その場での様々な人々との出会い。そしてそうした様々な体験を通じて、「これからの自分」に深く思いを馳せること。実習後にそれぞれの体験を共有する時間を持ち、一人ひとりが文章にまとめます。この労働体験が生徒たちにとってどのような意味を持ったのか、彼らの文章からそれらのことが生き生きと感じられます。

同時期に行われる福祉実習

カフェでの労働実習

先生のスケッチから●12年生　現代社会

資本主義のイメージを掴む

この学校での最後の授業になる現代社会。ここでは「現代社会のしくみと問題点を骨太に掴む」「その問題点への解決策や向きあい方を皆で語りあい、希望を持って未来に歩みだす」ことを目標にしています。具体的には、資本主義のイメージを掴むところから始めます。

雄大に広がる緑の地平で、昔と変わらない遊牧生活を送っているモンゴルの人々。その人々に変化が訪れます。あるアパレルメーカーの社員が彼らにヤギの毛を売ってくれるよう頼んで廻ったのです。カシミヤセーターの需要が高まることで、人々は羊に替えてヤギの数を増やしていきました。そして今まであまり手にしたことのない「余剰のお金」を得た彼らは、衛星放送用パラボラアンテナや太陽光パネル、TVを購入し大相撲や日本のドラマを見始めます。さらに冷蔵庫などを購入し、遊牧生活にはそぐわないモノが増えてゆきます。伝統的な馬ではなくバイクや自動車を持つ人も増え始め、モンゴルの人々の生活スタイルが大きく変化していくのです。その様子を写真で追い、資本主義の発展に伴うグローバリゼーションの問題、文化と文明の衝突の問題をいっしょに考えます。

知識と体験を結びつけ、考え、語りあう

次に「資本主義の仕組み」「お金とは何なのか？」「株式会社」「利子や銀行」「投資と投機」について見ていきます。また、社会の発展・変化の中で、人と人との関係性も変わって来ました。地域やコミュニティの変化を追いつつ、「私たちはどのような社会で生き、どのようなつながりを求めたいか」など「コミュニティのこれから」についても話しあいます。

この授業では「クラスの皆に聞いてみたいこと」「皆で話し合いたいこと」についても生徒から意見を出してもらうのですが、よく出るのが「この学校をどう思うか？」「皆はこれからの人生をどのように生きていきたいか？」の二つです。この学校での日々がどうだったのか、よかったこと悪かったことを、みな率直に話しあいます。

「いろいろなことがあったけれども、ここでの日々は何か深く、楽しかった」「自分も人とのつながりのある場

所で生きていきたい」。体験してきたことをベースにし、豊かな語りあいの時間を持ちます。

真剣に考えます

意見を持ち、問い、歩みだす

授業やディスカッションを経て、生徒がまとめるノートの文章には、様々な気付きが見られます。「お金それ自体が悪いわけではない。人の意思によって、よくも悪くもなるのだと思う」「利子で儲けるのは健全ではない気がする。ちゃんと働いて稼ぐことを自分は大切に考えたい」「人を信頼してお金を投資するのが基本。自分のお金を増やすことのみが目的になると何かがゆがむ気がする」。

やがて彼らは、まわりの人々と豊かな関係を築き、豊かな未来を思い描き、ともに作り出していくことでしょう。様々な困難に直面しながらも、一歩一歩確実に歩んでいってくれることでしょう。未来への希望を感じながら、授業を終えました。

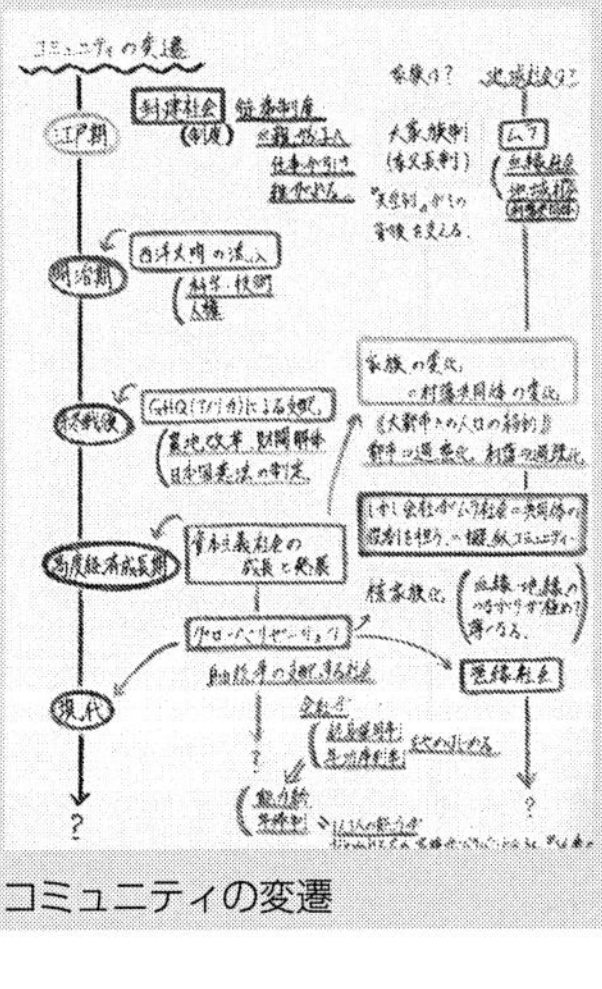

コミュニティの変遷

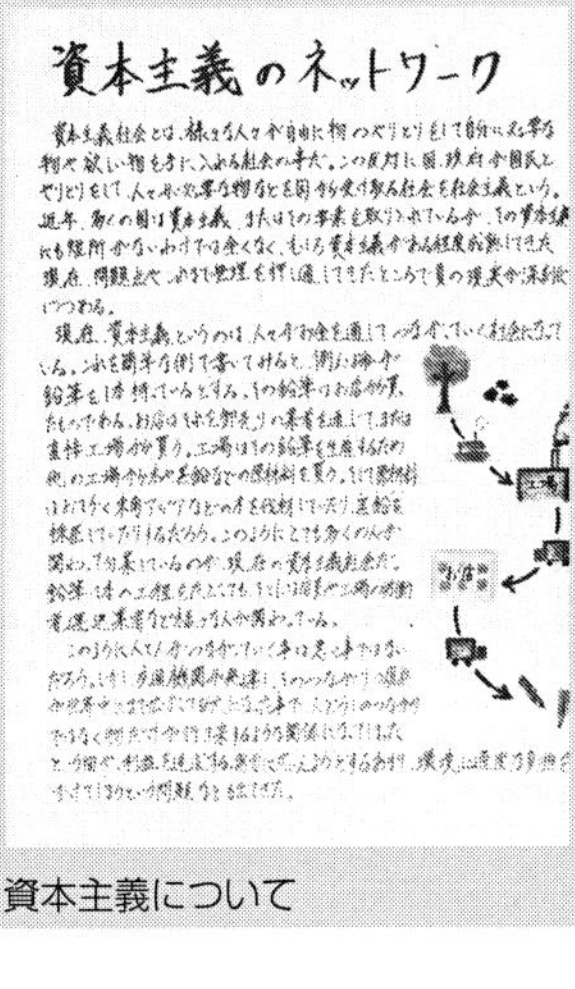

資本主義について

先生のスケッチから●12年生　卒業演劇(7期生との思い出)

ばらばらな「I」が深くつながる「We」になる。そう強く願い、演劇に向かいます。

おとなしくて、反応のない彼らが・・・!

7期生の生徒たちは優しさにあふれた人たちでしたが、周囲から「おとなしい」「反応がない」と言われていました。一人ひとりの中には豊かな感情や、鋭い思考力が確かにあります。しかし他者や世界に対して自分自身の心を開き、考えや想いを表現することが上手にできない生徒が多いため、それがクラスの外に伝わらない、見えないという状況でした。またお互いにどこか遠慮がちで壁を感じる日々でもありました。演劇に取り組む中で生徒たちはそんなクラスの課題に直面しました。そして常にばらばらな「I」(私)の集まりでしかない自分たちが、深く濃くつながって「We」(私たち)になれるようにという強い願いをもって卒業演劇に向かいました。

題材は、歌あり、ダンスあり、マジックあり、決闘シーンありの明るく楽しいオリジナル作品「こもれび―幾万通りもの未来―」。作品が決定した時、「あなたたちがダンスを踊るの!?」と驚きました。なぜなら、演劇も人前に立つことも大きらいで、カリキュラムに卒業演劇が組まれていることをこの世の終わりのようにとらえている生徒が少なくないことを知っていたからです。しかし彼ら彼女らの決意は堅く、筋肉トレーニングや柔軟体操をし続け、側転も逆立ちも全員ができるようになり、複雑なフォーメーションを覚えて動き、練習を重ねました。小さ

殺陣もくり返し練習しました

全員で踊ったダンス

な子どもたちにも劇を楽しんでほしいという温かな願いをもち、粘り強く誠実に成すべきことに淡々と向かう姿勢には私自身が深く感銘を受けました。

課題はたくさんありました。おのおのが責任を持って仕事を引き受けること、報告・連絡・相談を重ねながら全員で決断して進んでいくことに、どれほどの力を必要とするのかを痛感しました。そしてそれらの経験を通して、生徒たちは想いを素直に言葉にして語り合い、聴き合うようになり、やがて言うべきことを伝えあうことができるようになりました。

確かに見えた「Ｗｅ」の輪

本番直前のある日、登場人物たちの身の上に起こったであろう出来事を想像して即興で演じ、劇中の舞台上には現れない時間をたどる練習をしました。あらためて登場人物それぞれの人生を体験するとともに、お互いがどれほど強く関わり合い、深く結ばれているのかを実感しました。それはクラスの営みにも重なる濃密な時間となったのです。劇終了後に全員で披露したダンス。クラスがひとつになって喜びに満ちて踊る姿をみながら、舞台袖で私は一人、静かに感動していました。無表情だった生徒の満面のほほ笑み、体が硬かった生徒が大きく足や腕を伸ばして生き生きと動く姿。苦しかったことも辛かったこともすべてがこの瞬間のためにあったのだと思いました。演劇を終えた後、生徒たちはお互いのつながりを深めていきました。芸術的な創造活動を通して一人ひとりがしっかりと立ち、皆がひとつにつながったのです。卒業プロジェクトの最終発表の場では見えない深い絆を感じました。確かにそこには「Ｗｅ」の輪が見えたのでした。

先生のスケッチから●12年生　卒業プロジェクト

卒業プロジェクトの意味

「卒業プロジェクトは一人でやっているように見えて、実はクラスみんなでの取り組みなんだよ」。私たち高等部教員は、生徒に向けていつもこう言い続けています。これは本当にその通りで、皆がお互いのテーマに関心を持ち、それぞれの卒プロの発展に興味を持ってこそ、クラス全体での成長があるのであり、個々の研究や活動を思い思いに続けていればそれでよいわけではないのです。

　しかし、今年の生徒たちの卒業プロジェクト発表会はいつにも増して何か不思議な魅力を湛えたものとなったように思います。「クラスとしての発表になった」「皆で励まし、がんばりあうことができた」という以上の、何か不思議な魅力。それは、互いのテーマや関心が響きあい共振しあうことで、それぞれのテーマが思ってもみない方向に発展し、発表した生徒全員が、クラス全体として何かとても深い部分にまで達したと感じられた、不思議な時間でした。

テーマがつながり、響きあう

　Hさんの一人芝居「夕鶴」の発表では、登場人物はつう、子ども、惣どの3人のみで、それぞれが与ひょうに語りかける、という形を取りました。与ひょうのまわりを子どもがかけ巡り、惣どは金を稼ぐため、つうにもっと織物を織らせろと迫り、つうは一生懸命与ひょうに思いを語り、物語は進んでゆきます。が、不思議なことに、ある瞬間から登場人物が自分に向かって語りかけ、私たち一人ひとりが与ひょうになったように感じ始めたので

手工具で家具を作る

卒業プロジェクト発表会でのコンサート

す。欲に負けたのは与ひょうではなく実は自分なのではないか。そんな思いを心に深く留めつつ、物語は終わりました。

　お芝居でのつうの美しさも印象的でしたが、その後の発表内容もとても深いものでした。「欲って何なのだろう」「お金って何なのだろう」「人間の美しさとは？」それぞれの受け取ったものは、その後の生徒たちのテーマ、発表にも繋《つな》がっていきます。人と人との繋《つな》がり、世界と自分との関係、日本の美しさ、モノとは何なのか、等々。この卒プロの期間、一年半にわたり、自分を問い、自らのテーマを問い続けたその先に見えてきたもの。それぞれが苦しみながらこの間に掴んできたものが、実はそれぞれのテーマと繋《つな》がり、響きあっていたのだということを、あの時、その場の全員が感じ取っていったのでした。

深いところで出会いなおす

クラスメイトたちの発表に聴き入る生徒たちの横顔は、本当にピュアで美しく、光り輝いていました。「そんなことに興味を持っていたのか…」あらためてそれぞれが、出会いなおした瞬間。「最後の最後に、こんなことが起こるのだなあ…」深い余韻を残しつつ、卒業プロジェクトの時間はすぎていきました。

　これからそれぞれの場所へと旅立っていく生徒たち。また新たな人たちと新たな出会いを繰り返していくことでしょう。それでも、ここでの体験やあの時感じた深いところでの繋《つな》がりは、それぞれの原点とも呼べるものとして、いつまでも彼らの心の中に生き続けていくことだと思います。

生徒たちの活動

それぞれの学年の特徴とシュタイナー学校の授業

私たちの学校には毎年年間予定表に「高等部主催行事」と書かれた日があります。高等部生徒たちによって企画・運営される行事を開催する日です。しかし決まっているのは日程のみ。何をするのか、あるいはそもそも何かをするのかしないのかというところから、生徒たちは話し合いを始めます。

高等部主催行事が始まって以来10年ほどは、毎年全校生徒と保護者が集まって綱引きやリレー、玉入れなどを行う「スポーツフェスタ」を行ってきました。それは「運動会を知らないこの学校の子どもたちに、運動会に代わるものを作ってあげたい」という高等

1期生から続いてきたスポーツフェスタ

部生徒たちの思いで始まった行事でした。

しかしそれが毎年恒例行事になってきたころからやらねばならないこととなり、生徒たちは主体的に向かえていないことに気付き、毎年「今年はスポーツフェスタをやるかやらないか」というところから話し合い始めるようになりました。そしてある年ついに「今年はスポーツフェスタをやらない」という結論を出したのです。それは、自分たちが今やりたいと思う行事は何なのかを懸命に話し合った結果でした。そしてその年は初めての「文化祭」を開こうと決めたのです。

しかし高等部の生徒たちの誰一人と

して、文化祭を主催したことはありません。目的は何なのか、その目的に向けて具体的には何をするのか、決めた内容をどのように実現するのか。それらすべてを皆で話し合い、試行錯誤を繰り返し、当日を迎えました。そして次の年にはまた、「今年自分たちは何をするのか」という話し合いを始めました。

延々と続く話し合いと試行錯誤。時には自分たちがやろうとしていることを見失い、振り出しに戻って考える。生徒たちはそれを繰り返しながら、毎年「思い描いたことを形にする」ということに挑戦しています。

第１回高等部文化祭

小さい子どもが楽しめる部屋

大人が楽しめる高等部の授業の体験講座

クラブ活動

6年生（後半）から12年生までいっしょに取り組んでいます。

バスケット部

野球部

器楽部

バレー部（男子）

バレー部（女子）

	7年生	8年生	9年生	10年生	11年生	12年生
4月	化学 燃焼・塩・ 酸・アルカリ	物理 水の三態・圧 力・流体力学	近代史	三角比	電気・電波	卒業演劇
5月	世界史 ルネサンス	数学 連立方程式 栄養学	式と計算	現代文学 英語	細胞 英語	幾何学
6月	数学 正負の数 地理 大航海時代	世界史 産業革命 地球学 気象含む	骨学 人間と水	人類学 測量	数列 社会	卒業演劇
7月						
8月						
9月	栄養学 日本史 室町	世界地理 物理 電磁気学	二次関数 英語	悲劇	福祉・労働 実習	理科
10月	数学 文字式 方程式	日本史 江戸・幕末 数学 一次関数	食と農 熱学	美術史 人間学	卒プロ 社会 微分・積分	卒プロ
11月	物理 光・音・熱・ 電気・力	幾何学 プラトン立体 化学 金属	電気 言葉の美学	幾何学 確率	文学	文学 現代社会
12月		演劇				
1月	天文学	演劇 人間学	〈特別エポック〉 幾何学	社会	論ずる	卒プロ
2月	幾何学 ピタゴラスの 定理	演劇	力学 社会	源氏物語 無機化学	天文学 指数・対数	
3月	日本史 戦国					

メインレッスン予定表（2014年度）

	1年生	2年生	3年生	4年生	5年生	6年生
4月	フォルメン	聖人伝① クリストフォロス	生活科 衣・食	古事記①	昆虫〜 植物学①	日本史 平安
5月	ことば 漢字	フォルメン 対称	ことば 旧約聖書①	かず　わり算　筆算 郷土学①	世界史① 古代インド 〜エジプト	幾何学
6月	かず 数の質	かず① 九九	かず① 生活の算数	動物学①	算数　小数	鉱物学
7月	ことば	ことば カタカナ	生活科 住		日本地理 近畿	日本地理 全国
8月						
9月	ことば ひらがな	聖人伝② St. ジョージ 劇づくり	生活科 家づくり	郷土学②	フリーハンド 幾何学	世界史 ローマ
10月	かず 四則演算	かず② 九九	ことば 旧約聖書②	古事記②	世界史② ギリシア オリンピック	算数 お金 日本史 鎌倉
11月	フォルメン ことば ひらがな 母音	動物寓話①	かず② 筆算 生活の算数	かず 分数①	植物学② 植生	物理 音・光・熱
12月		聖人伝③ フランシスコ	ことば　文法 フォルメン	北欧神話	日本史① 縄文・古墳	
1月	かず 四則演算	かず③ かずの不思議	生活科 生活の算数 時計　お金	北欧神話	日本史② 飛鳥・奈良	世界地理 アジア
2月	ことば ひらがな 濁音・半濁音	動物寓話②	ことば 旧約聖書③	動物学②	劇作り	算数 比・割合
3月	まとめ	聖人伝④	かず③	かず 分数②	日本地理	世界史 中世・ イスラム

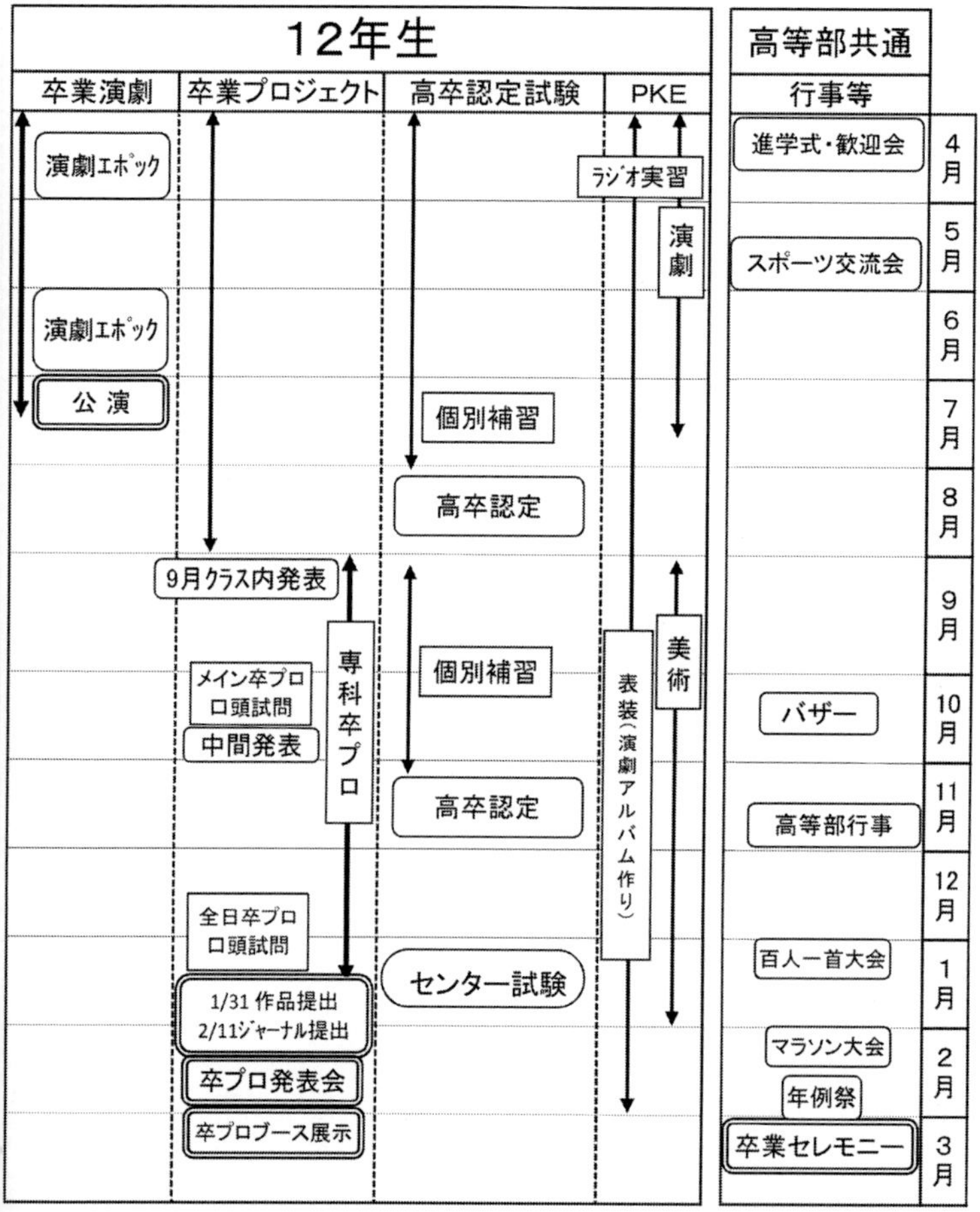

12年生
卒業演劇
卒業プロジェクト
高卒認定試験
PKE
高等部共通
行事等
演劇ｴﾎﾟｯｸ
演劇ｴﾎﾟｯｸ
公 演
ﾗｼﾞｵ実習
演劇
個別補習
高卒認定
9月ｸﾗｽ内発表
専科卒プロ
メイン卒プロ
口頭試問
中間発表
個別補習
表装（演劇アルバム作り）
美術
高卒認定
全日卒プロ
口頭試問
センター試験
1/31 作品提出
2/11ｼﾞｬｰﾅﾙ提出
卒プロ発表会
卒プロブース展示
進学式・歓迎会
スポーツ交流会
バザー
高等部行事
百人一首大会
マラソン大会
年例祭
卒業セレモニー
4月
5月
6月
7月
8月
9月
10月
11月
12月
1月
2月
3月

高等部　学年毎の流れ（2014年度）

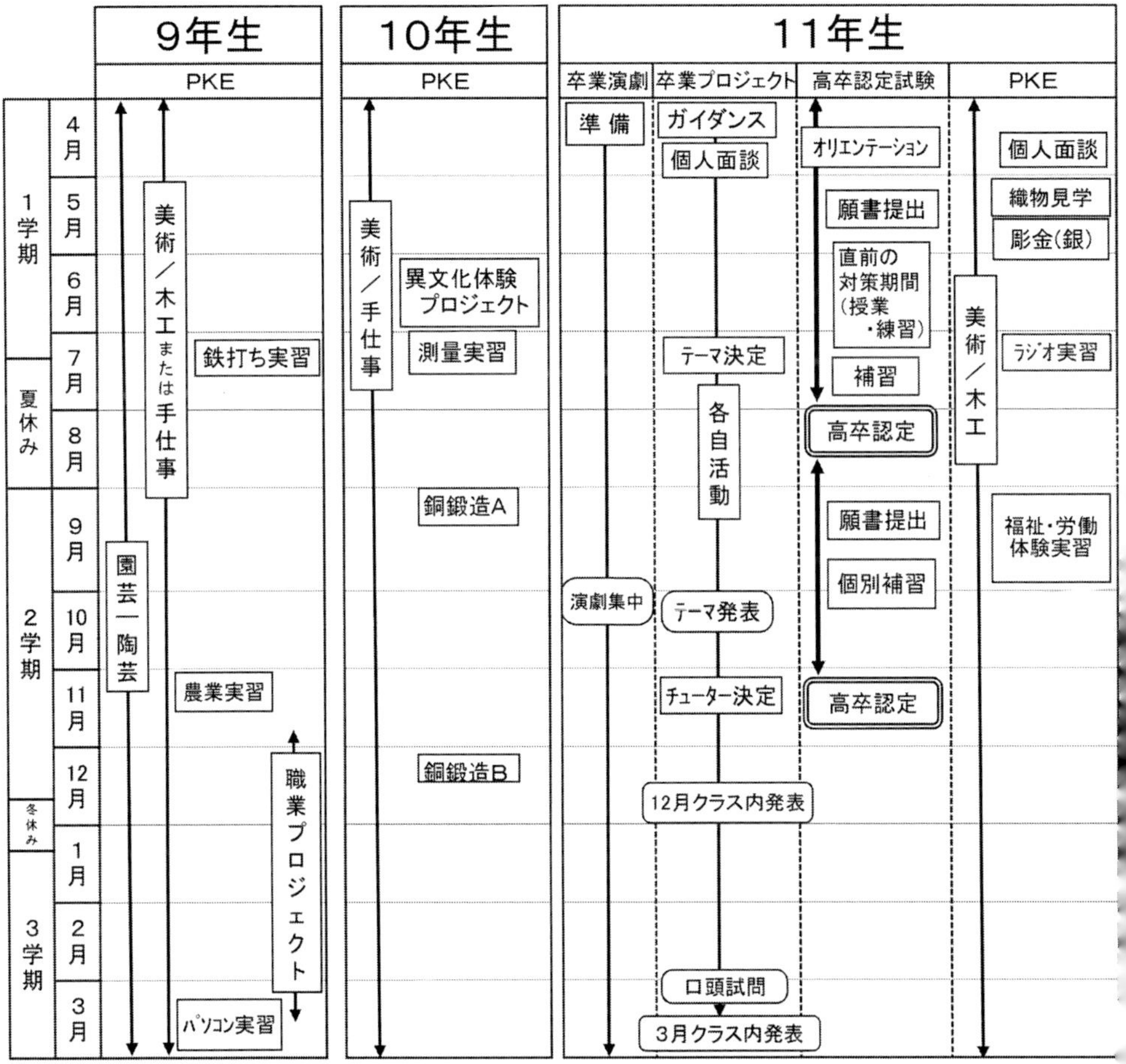

卒業後のあゆみ

卒業生を迎える会

2014年度現在卒業生は、7期生まで約100名になりました。それぞれに試行錯誤をくり返しながら、卒業後の道を歩んでいます。

2013年1月、卒業生たちによる自主組織「卒業部」が立ち上がり、卒業生同士のネットワークが動き始めました。彼らが互いの近況報告として作った『卒業生の本』(2013年4月発行)より、卒業生たちの様子を一部紹介します。

空き時間で試験勉強。今やることが多すぎて、禿げちゃいそうなくらい大変だけど、でも、不幸せではありません。
誰かのために働き、誰かとともに働く。自分の選んだ学問を学んで、後輩を連れて山に登る。びっくりするほど幸せです。
でも、今になって思います。シュタイナー学校で過ごしたあの時間たちは、なんて素敵な日々だったのだろうと。テストに追われず、順位に悩まされず、用事に追われることもなく、自分の時間をその瞬間瞬間に自分で律して生きることのできた驚くほどの自由。
あの自由な日々があったからこそ、今の私は忙しい日々を楽しく乗り切ることができるのだと思います。

基本的に学校生活を満喫し、特に、木工、陶芸、美術、彫塑、手仕事、園芸など、を楽しみに学校に通っていた。
現在、イタリアへヴァイオリン作りを学びに行くため、アルバイトをしながら、週一度、市民オーケストラとイタリア語講座に通っている。食・教育・農業・音楽・伝統芸能・歴史などと興味は広がる。

特別人よりもうまいわけでもない。
自分よりもうまい人はまだまだたくさんいる。
その道のプロとしてやっていこうというわけでもない。
それでも自分自身にとって大事なものだということは、誰よりもよく知っているから。
胸を張って人の前に立てる。
卒プロの中で、この学校の中で、私が得たものだ。

私のプロジェクトは宇宙と人間という大小の存在の比較に出発点をおいている。
宇宙という大きな存在の中の人間という小さな存在を私たちはどう受け止めるか。
しかし、小さな存在である私たちはみなこころを持っている。

自分という存在は自分一人しかいない。
ならば、自分にしか出来ないことをすればいい。
これは、私がエリザベス一世について学んだ時に、レポートに書き記した言葉です。

当時はその様な考えを持っていませんでしたが、今から考えると多感な時期に、答えを一つに絞らずに可能性を広げてくれた教育に出会えた事は、自分にとっての財産になったと思っています。

第5章

京田辺シュタイナー学校の一年間

京田辺シュタイナー学校の祝祭と行事

京田辺シュタイナー学校には、世界中のシュタイナー学校で同じように行われているシュタイナー学校ならではの祝祭のほかに、日本の伝統的な行事、学校としての行事があり、さまざまな学年の子どもたちが同じ季節の巡りの中で、それぞれの年齢に合わせた学びや体験を深めています。

低学年の子どもたちは、上級生たちの姿を憧れの気持ちで見つめます。また、上級生たちは、下級生たちの取り組みを、懐かしさとともに、温かく見守ります。

菜の花畑で

4月

1年生入学式　学校中がこの日を楽しみに準備します

高等部　進学セレモニー

5月

花と緑の祭　4年生によるメイポール・ダンス

高等部企画　スポーツ交流会

星の祭り

笹に七夕飾りをつけます

1学期の終わりの日　夜空の星々へ向かって音楽を響かせます

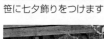

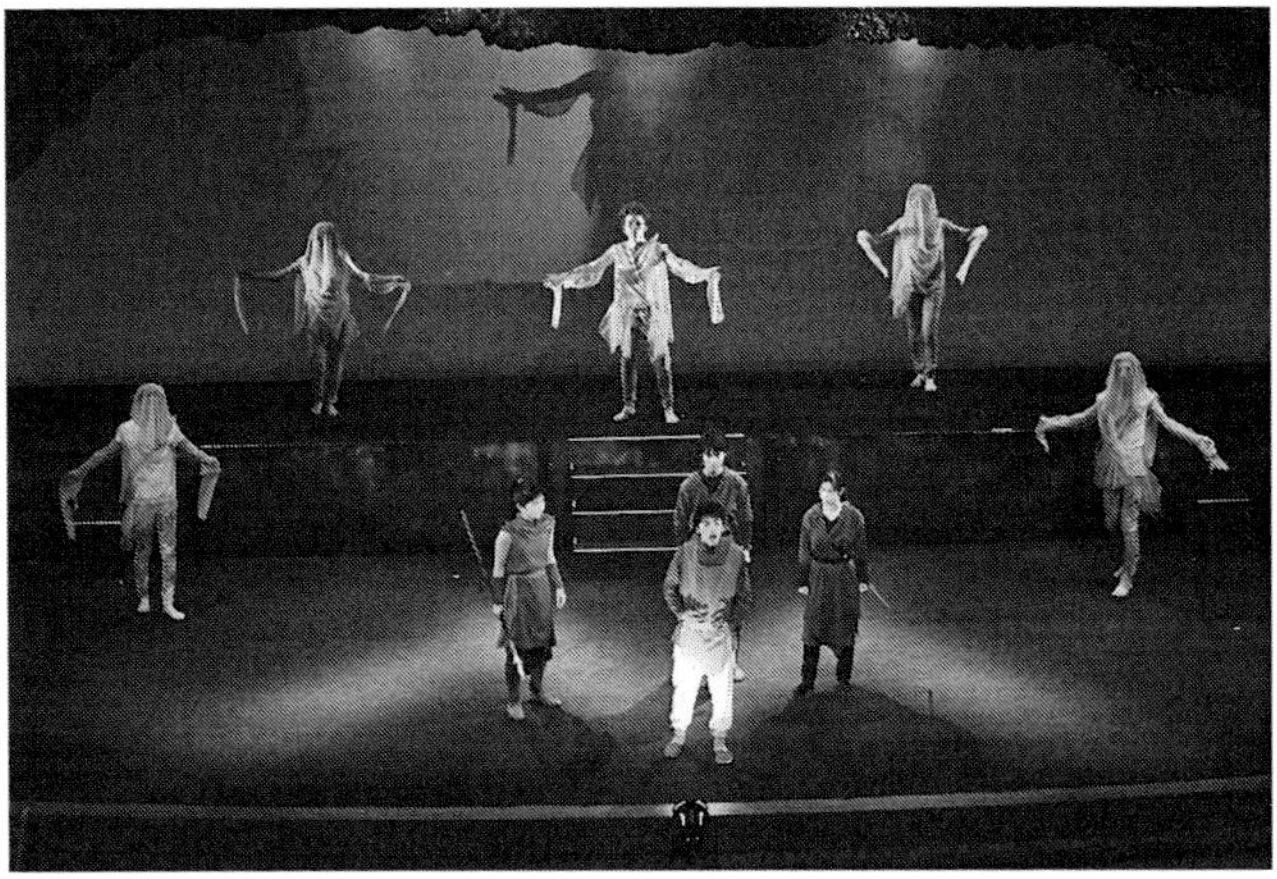

12年生　卒業演劇　公演

６年生　研修旅行

８年生　修学旅行

シュタイナー学校４校交流会
夏は、高等部の生徒たちにとって学外の人たちと出会う季節。国内・外でのさまざまな活動に参加したり企画したりします

ミカエル祭
騎士となった２年生たちが、勇気をもって６年生扮するドラゴンにいどみます

収穫祭

10月

１年生が引っぱって竹のやぐらを立てます

皆で作ったさつま汁を８年生のリーダーたちがよそってくれます

５年生　古代ギリシアオリンピック競技会

秋祭り ＆ バザー

オープニングの６年生たちによる
たいこ

保護者、教員、生徒たち、老若男女、
和気あいあいと働く一日です

11月

高等部企画
文化祭

12月

１～２年生の子どもたちのアドベントガーデン
暗闇の中を一人ずつ中心まで歩いて行って、中央から自分のローソクに火をもらってきます

教員によるクリスマス生誕劇
子どもたちに贈るプレゼントとして、開校前から続けられています

1月

6年生以上による新春百人一首大会
毎年熱い闘いが繰り広げられます

初詣での後は、七草がゆでお祝い

卒業生の日　新成人を祝う会

2月

節分　7年生や高等部有志が怖い鬼となって校内を練り歩きます

12年生　卒業プロジェクト発表会

高等部マラソン大会　表彰式

年例祭

今年の学びの一場面を低学年から順番に紹介していきます　12年間の子どもたちの変化と成長を目の当たりにして感慨深い一日です

6年生　音楽
クラスオーケストラの発表

高等部選択　管・弦楽器及び
オイリュトミーによる合同発表

3月

12年生　卒業

卒業セレモニー

卒業証書授与の後、卒業生一人ひとりがスピーチします

全校生徒・保護者たちの祝福のアーチをくぐります

校門を出て姿が見えなくなるまでみんなに見送られます

８年生　卒業

卒業演劇

卒業セレモニー
８年間担任だった先生のもとからの巣立ちです

収穫祭のシンボルの竹のやぐら

第 6 章

学校をつくり
運営をするということ

「学校」ができるまでの道のり

京田辺シュタイナー学校は、1994年、シュタイナー教育に関心を持った数人の母親による勉強会から始まり、いつしか自分たちの手で「学校」をつくってしまうまでに成長していきました。なぜ親たちは学校をつくろうとし、どうやって開校まで漕ぎ着けたのか、その歩みをまとめました。

土曜クラスからの始まり

シュタイナー教育を取り入れた幼稚園で出会った数人の母親を中心に、シュタイナー教育やその背景にある思想を学ぶための勉強会が始まりました。そして、1994年には、わが子にシュタイナー教育を受けつづけさせたいという思いから「シュタイナー学校設立を考える会」が生まれました。

何とか毎日の「学校」を始めたいと話し合いを重ねましたが、すぐに開校することは現実的ではありません。それでも「目の前にいる子どもたちに、できることをしていこう」と、公立学校に通わせながら、週に一回の「土曜クラス」でシュタイナー教育を実践していくことになりました。子どもが授業を受けている間、親も勉強会を開き、他にも運営についての話し合いを毎週一回持ちました。

初年度は1年生と2、3年合同クラスの2クラス。教員は2人でした。しかし、3年目を迎えた時には4クラス、約50人の子どもたちが通うまでになりました。そしてこの頃から、毎日通える学校が一日も早く

毎年1月15日を学校のお誕生日として親と教員が集う「新年を祝う会」

ほしいという気持ちが高まって来ました。

2001年4月開校を決める

１９９８年１月15日、何人かの呼びかけで、「関西にシュタイナー学校をつくろう」という集まりが持たれました。土曜クラスの者だけではなく、関西でシュタイナーの勉強会をしている人、シュタイナーの幼稚園をしている親など、「学校がほしい」と思う人たちが集まりました。

大人数の会ではありませんでしたが、本気で学校をつくろうという熱のある会でした。ここで、「学校をつくるためには、開校日を3年後の２００１年4月１日に決めよう」という意見が出されました。それが設立準備会にもっていかれ、多くの話し合いを経て、京田辺に全日制のシュタイナー学校を設立することを決めました。

そして、「シュタイナー学校設立を考える会」は「シュタイナー学校設立準備会」に名称を変え、学校を開校する決意を明確にしました。

広報活動をはじめる

シュタイナー学校として成り立っていくため、またそこに通う子どものことを考えて、生徒は少なくとも50人くらい、土地は３００坪以上と目標を立てていました。そんな規模の学校を開校するためには、教員を探し、生徒を集め、土地・建物を持つためにまとまったお金が必要でした。それらをクリアするためにまず、たくさんの人に私たちのやろうとしていることを知ってもらい認知度を高めるため、広報活動をはじめました。

土曜クラスが唯一実践の場でしたので、それを見ていただいて「シュタイナー教育」を紹介してもらえたらという思いで、たくさんのメディアにアプローチしました。不登校の子どもの数が急激に増えていた時期でもあり、新しい教育の場のことを取りあげたいというニーズもあったことが幸いして、いくつもの新聞、ラジオ、テレビにも取りあげられるようになっていきました。

しかし、最初はパンフレットを作るにも細かい活字がぎっしりつまった、私たち以外の人が読む気にもならないものを作るなど、まったくの素人でしたし、便宜をはかってもらえる知り合いがあったわけではありませんでした。ただ、「学校」がほしい、こんな教育を実践する学校なのですと伝えたくて、よその講演会に参加しては手をあげて学校のことを話したり、シュタイナーの本の解説を書いておられた数学者が関西に来られると聞けば控え室に訪ねていくなど、今思えば恐ろしいパワー（厚かましさ）でもって行く先々で一生懸命話していました。

その中で偶然出会えた新聞記者の方がシュタイナー教育のことをよく知っている方で、大きな紙面を割い

文字を減らして完成させた
活動のPR冊子

第3種郵便物認可　京都新聞

21世紀担う子どもに手作り

感性大切に　心はぐくむ

シュタイナー学校設立へ主婦ら懸命の運動

テストもない

京田辺市、京都市の主婦や相楽郡木津町の教師夫婦らが、知識と芸術を一体化した授業で子どもの感性を伸び伸び育て、心や魂が育つ全日制のシュタイナー学校を関西に開校しようと運動を進めている。99年には非営利団体の法人申請を行って用地取得を進め、2001年4月に小中学校一貫で開校させようと張り切っている。

シュタイナー学校は、20世紀初めオーストリア出身の思想家ルドルフ・シュタイナーが独自の人間観によって実践した学校。現在、欧米各地や東京に全日制の学校がある。

小学1年から中学2年まで8年間、1人の担任が受け持ち、テストや成績表はない。子どもが生き生きした感性で世界とかかわり、体験を定着させて、既成概念にしばられず自立した判断や行動ができる人を育てることを目指している。

府南部のシュタイナー学校設立の動きは、私立幼稚園でシュタイナー教育の一端にふれた京田辺市の主婦が94年に結成した「シュタイナー学校設立を考える会」が始まり。95年からは、小学生の「土曜クラス」を、京田辺市や城陽市で1回1時間半から2時間続け、京田辺、城陽、京都、寝屋川、枚方などから小学1－6年生約70人が通っている。

担任教師は、海外のシュタイナー教育教師養成ゼミナールで学んだ中村真理子さん(31)＝木津町＝や京都大大学院生ら4人が務める。会の名も「京田辺シュタイナー学校設立準備会」と改めた。

メンバーの1人で主婦の神谷真理さん(39)＝京田辺市＝は「先生が子どもを比較しないので、子ども自身も友だちをチェックしたりせず安心して教室にいれるようだ。他人や自分の素晴らしいところを大切にできる子になってきた」とシュタイナー教育の成果に注目している。

父親の1人、新井克次朗さん(41)＝京都市伏見区＝も「シュタイナー教育は、今の学校教育の中で苦しんでいる子どもを救い出してくれる流れではないか」と期待を込めて話す。

同準備会では、昨年から20人余りの親たちが月数回、学校設立のための会合を重ねており、用地探しも始めた。開校には多額の費用が必要なこともあって、多くの人の賛同や協力を求めている。問い合わせは〒610-0362京田辺市東西神屋107ノ9、奥田真理子さんへ。

↑土曜クラスでシュタイナー教育の授業を受ける子どもたち（京田辺市中央公民館）

1999年1月1日に掲載された記事　「21世紀を担う子どもたちに手作りの学校を」と紹介されました

て、そして何度も私たちの活動を取りあげてくださったことが力強い支えになりました。

第一回講演会を開く

1999年2月5日、開校を2年後に控えた時期に、第一回目の講演会「今、私たちができること——その子らしさを育むために」を開催しました。

シュタイナー教育のことを知ってほしいという強い思いが通じたのか、当日は空席がなくなるくらいの200人を超える方々が来てくださいました。また、40名以上の方が「友の会」に入会してくださったり、販売をお願いした書店の方が驚かれるほどシュタイナー教育に関する本が売れました。

この講演会から、考えていることを形にしていく、形になったものを意識を持って考える、そしてまた考えたことを形にしていく……という繰り返しこそ重要で、喜びを持ってそれをしている先に「学校」が形になって現れてくるのだということを確信しました。

この後、借家の一階を事務所として借りることになり、問い合わせをここで受ける仕事も始めました。そして、開校までの2年2ヵ月の間に特別講演会2回を含む計6回の講演会でのべ約800人の方に京田辺に足を運んでいただきました。講演会のたびに、励ましや期待の言葉をいただいたことは、くじけそうになる私たちにとって大きな力となりました。

連続講演会

NPO法人の取得にむけて

講演会はそれなりの成果をあげていましたが、土地・建物については何一つ進行していませんでした。

何十ヵ所もの場所を見に行きましたが、資金がないことや社会的な信用になるものを持たなかったこともあり、こちらがよいと思ってもなかなか土地を貸してくださるという返事はもらえません。

私たちが考えていた用地に対する条件は、土曜クラスと全日制がいっしょに使えることを前提に、京田辺から公共交通機関で30分以内、300坪、定期借地で坪1200円前後というものでした。

土曜クラスの参加費の中から場所を持つために積み立てていたお金の額も大きくなり、社会的信用の面からも何らかの法人格を持つ必要性が高まってきました。

学校法人や福祉法人は、資金そのほかの理由からとても無理でした。そんな時、ちょうど新しくできたNPOの制度が私たちにふさわしい法人格であるとの提案があり、その取得をめざして動くかどうかの話し合いが始まりました。

話し合いは半年にわたって行われ、NPO法人格を取得できたのは2000年3月の終わりでした。この過程で土曜クラスと設立準備会が一つになり、法人格取得の時から私たちの団体は「NPO法人京田辺シュタイナー学校」となりました。

資金もないのに校舎建築

土地は見つからなくても建物のことは考えておかなくてはなりません。

手分けしてさまざまな建物——ログハウス・プレハブ等——を調べ、見に行きました。先立つお金があるという状況ではなく、50、60人規模の学校を開校するのに必要な建物をとにかくなんとしても用意しようという決意のみから行動していたため、最終的な予算を決めるのは土地と建物が決まってからという常識を越えるものでした。

2000年2月、ついに私たちの学校に土地を貸してくださる地主さんとの出会いがありました。380坪。JR同志社前駅から徒歩5分という最高の立地条件でした。この土地を借りるかどうか、本当に経済的にやっていけるのか、何ヵ月も話し合いを重ねました。そして、何の保証もないけれど借りようと決心し、契約を交わしました。

並行して進めていた建物についても、お金がない時点で設計・施工発注をしなければならず、規模や費用についてもめにもめました。工事の着工は開校まで7ヵ月を残したぎりぎりの2000年9月のことでした。

土地の保証金を入れて開校に必要な費用は全部で約5000万円。うち1000万円を土曜クラスからの積立金でまかない、4000万円については、まず、親と教員で用意できる金額を話し合い、足りない分を外部に呼びかけお願いしようということになりました。

夏休みの間には、それぞれが親、親戚、友人など周囲の人に趣旨を伝え、寄付をお願いすることにしました。教員は、関西で長年シュタイナーを学んでいるいくつもの勉強会に出向き、また教員同士で深い親交のあった東京シュタイナーシューレ（現・学校法人シュタイナー学園）や横浜の土曜クラス（現・NPO法人横浜シュタイナー学園）を夜行バスで訪ね、寄付をお願いしました。皆さん快く寄付を申し出てくださったばかりか心から励ましてくださいました。

こうして、京田辺で活動している私たち以外の多くの方の「シュタイナー学校ができてほしい」という願いや思いもまた、学校設立の流れに注ぎ込まれ、大きなうねりとなっていきました。

関西の勉強会や土曜クラスを開いているグループの方々が、「京田辺シュタイナー学校設立を応援するために」バザーを開き、収益を寄付してくださったことも一度や二度ではありませんでした。皆さんのお気持ちがありがたくて、お会いしたこともないメンバーの方々に手を合わせました。

木造のシュタイナー建築の校舎が建つ

校舎を考える際には、当然ながらシュタイナーの示唆した教育空間を実現したいと思いました。しかし無尽蔵にお金があるわけではなく、必要最低限のスペースを確保することが再優先でした。

土曜クラスでも、できうるかぎりその年齢に応じたふさわしい空間を用意しようと、親たちがガーゼを染めて教室にはり巡らせ、公民館の部屋を教育空間にする努力を続けてきました。その経験から、たとえプレハブの部屋であっても工夫をしていいものに作りあげていこうと話し合っていました。

しかし、建物のことをいろいろ調べると、プレハブや自分たちで組み立てるログハウスなども、けっこうな値段であることがわかりました。少しがんばれば、木造の校舎が持てるかもしれない。そう考えると、目の前にいる子どもと未来の子どもたちのために、より

竣工式　地主さん、設計士さん、施工会社の皆さんと

大人も子どもも皆でセルフビルド

柿の渋をぬる

壁のしっくいぬり

柱をぬるのはお父さんたち

気持ちのいい校舎を建てたいという思いが強まりました。

そんな折、シュタイナーの建築を学び設計を引き受けてくださる設計士と、資金が集まっていない状態でも工事を引き受けてくださるという会社との出会いがあり、当初は思ってもみなかった木造の校舎を建てることに向かうことになりました。

資金がなかったことと、皆で関わりを持った校舎にしたいという思いで、考えられないくらいの量のセルフビルドを行ったことも、この校舎が実現できた大きな力です。ほとんどプロといってよい保護者の方がいたことも、本当に不思議なことでした。母親でありながら、大工さんに混じるように毎日柱や壁、天井を塗った人。一枚の黒板を仕上げるのに7回もの塗装をしなければならず、夜中や早朝、凍えるような寒さの中で黙々と作業した人。毎週のように休日返上でセルフビルドに参加した人。京田辺シュタイナー学校とその校舎はこれらの人たちをはじめ、多くの人の熱い思いの結晶として、その姿を地上に現したのです。

NPO法人としての学校運営

本校は、公立でも私立でもないNPO法人が運営する学校であるために、様々な制約もあります。他方、「ユネスコスクール」認定など、新たな時代を開拓するチャレンジが社会的に評価されています。

NPO法人での学校づくりに挑戦

京田辺シュタイナー学校は、学校教育法に基づく学校（いわゆる第一条校）として認可を受けた私立学校ではありません。学校法人の認可を受けるには、校舎や敷地の面積、設備、資金などに関する厳しい条件が数多くあり、廃校舎を利用せずに認可された学校をスタートさせるには、数億円を超える資金が必要になります。交通の便のよい市街地では、きわめて困難です。

1994年に始まった土曜クラスと呼ばれる活動が経済と組織の規模の面で任意団体の枠を越えたこと、

全日制の学校をつくっていくにあたって、土地を借りたり建物の契約などをするには、その基盤となる団体が必要になること、そして何より、目の前にいた子どもたちが学校を必要としていたことから、2000年3月にNPO法人格を取得して開校をめざしました。NPO法人（特定非営利活動法人）とは、市民が非営利で行う社会貢献活動を目的として、公的な認証を受けて法人格を取得した団体です。

学校法人ではない学校の特徴

学校法人による学校運営には、教育のハード面だけでなくソフト面でもさまざまな制限があり、そうした制約のないNPO法人での運営には、ユニークな教育を実践できるメリットもあります。他方、学校法人とは異なり、国や地方公共団体から学校運営への経済的な支援（私学助成金など）が受けられません。経済的には大きな制約を抱えながらの運営となります。また、現行法では学校教育法に基づく学校にしか、法的な学籍をおくことができません。この点について、少し詳しく説明します。

本校に入学し、毎日通学をしていても、義務教育9年間のあいだの学籍は、居住地の公立学校にあることになります。保護者には教育を受けさせる義務があるため、「京田辺シュタイナー学校においてそれ相応の教育を受けさせていること」を学籍のある学校に報告をし理解をしていただくことが必要になります。そのことによって、憲法に規定された「子どもの教育を受ける権利（学習権）」を保障する義務をはたしていれば、義務教育（就学義務）違反に問われる心配はありません。また同様の理由から、京田辺シュタイナー学校として公的な卒業証書を発行することができないため、法的に学籍のある学校から発行をしていただくことになります。そして、これらのことを滞りなく行うには、学籍のある地元の学校の方々との継続的なコミュニケーションも必要になります。

ユネスコなどが先進事例として評価

現在では、地元の学校や教育行政との良好で安定した関係が、開校以来十数年の時間とともに積み上がってきました。２００９年には、シュタイナー教育の先進的な実践が評価されて、NPO法人の教育機関として日本で初めて、国連教育科学文化機関（UNESCO）から「ユネスコスクール」として認定を受けました。21世紀の成熟社会に向けて、市民・NPOによる子育て・教育分野での新しいチャレンジをサポートする機運は高まっており、本校の取り組みが、そのモデル事例として政府や文科省の会議で紹介されたこともあります。

日本各地でも近年、シュタイナー学校の設立が相次ぎ、２０１３年夏には7校のシュタイナー学校が連携して日本シュタイナー学校協会が創設されました。

ほかにも学校法人ではない学びの場が協力し合って、「もうひとつの学校」としての社会的認知を促進し共有できるまでになっています。

　また、学校の運営については、いろいろな制約があるからこそ他人任せにしない自発的で良好な関係が、教員や保護者など学校に関わる大人たちの間にはあります。NPO法人という厳しい環境の中ではありますが、そこに根付き育つことで得られるものすべてが、この学校をつくり続けていく貴重な原動力となっています。

ユネスコスクール認定

保護者と教員がつくり続ける学校

京田辺シュタイナー学校は、特定の経営者がいて運営が行われているわけではありません。

学校の運営に関わるあらゆる仕事を保護者と教員で分担をしています。学内には「ワーキンググループ」と呼ばれる日常的な運営の仕事を担うグループや、行事的なものを担う「実行グループ」、その時々の問題を解決するために組織される「プロジェクト・チーム」というグループがいくつもあります。すべて自発的な活動で、保護者の多くがなんらかの活動に関わっ

学校をいつも緑でいっぱいにしてくれる「みどりのゆび」さんたち

ています。もちろん、各人の仕事の状況や家庭環境は異なりますから、関わり方は人それぞれです。Eメールなどのツールを活用して日々運営に関する事務を担う人もいれば、自分の可能な時間で校庭の植物の水やりや校内の清掃を担う人、学外の方にシュタイナー教育やこの学校のことを知ってもらうために学校報やホームページを作ったり、エポックノート展や講座を企画・運営する人もいます。この学校は保護者たちのそうした無償の継続的な活動によって存続しているといっても過言ではありません。

学校の会議は、定款によって定められた総会、運営会議、理事会のほか、教師会、学年会、全体集会などがあります。最高の意思決定機関は法人としての総会で、日常的な運営に関する意思決定機関が、月2回程度開かれる運営会議です。全体集会は、とく

保護者と教員と高等部生徒で年に一度の学校メンテナンス

法人総会

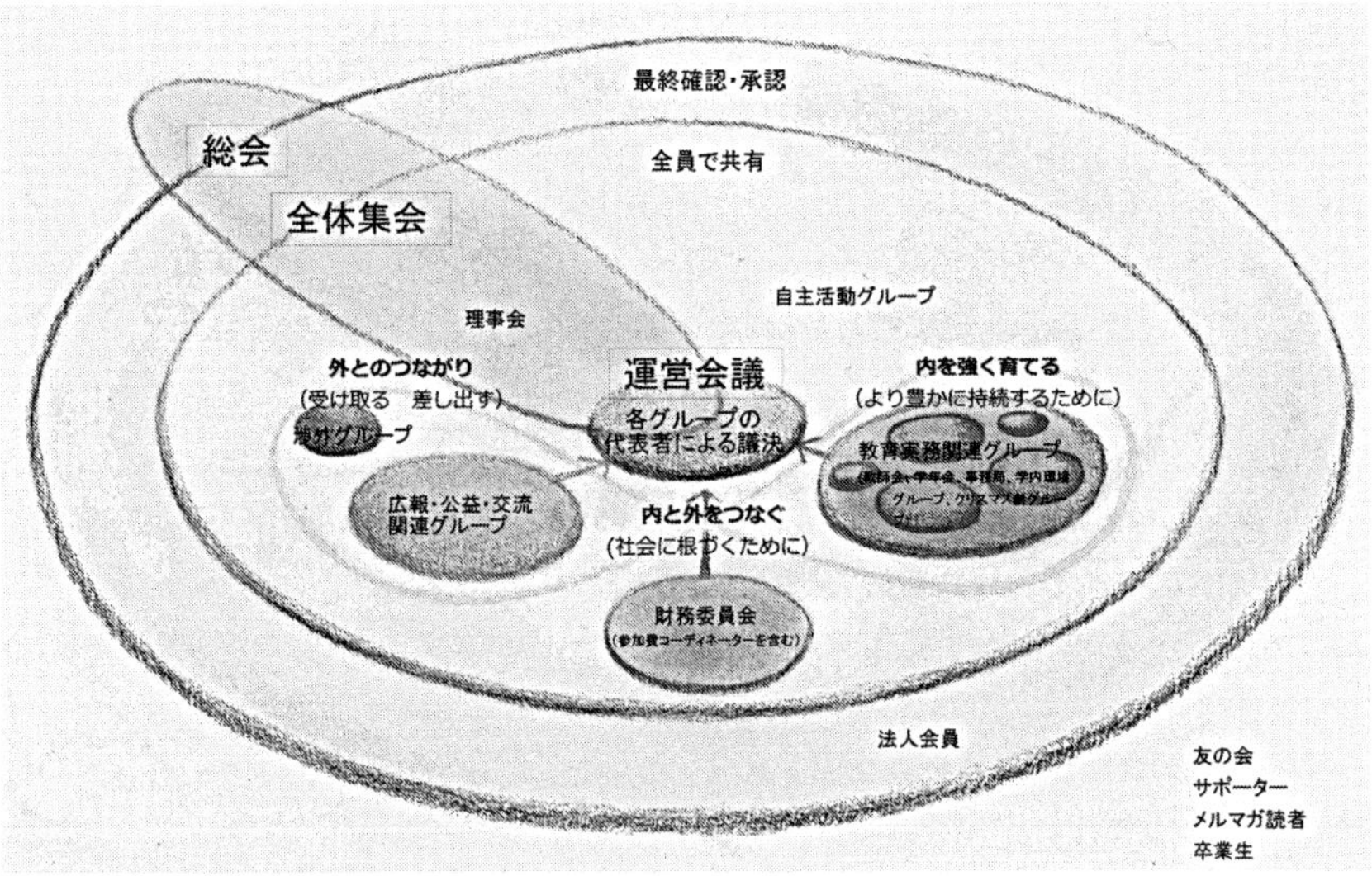

学校の活動イメージ図（2011年度作成）

に重要と認められる案件について、総意を練りあげ、意思決定の方向性を模索する場とされています。

こうした組織や運営のあり方については、規模が大きくなるにしたがって、柔軟に変化させていくべきことと大切に守り受け継がれていくべきことがあると思いますが、特筆すべきは、関わっている大人たちの関係性に上下がなく水平的であり続けているということです。開校当時、１００人に満たなかった生徒数は、２０１４年度現在、約２６０人の規模にまで大きくなりましたが、その関係性は保たれたまま「この学校にふさわしい組織運営のあり方」についての模索が続けられています。

大切なことは全体で話し合います

参加費（授業料）

京田辺シュタイナー学校では学校に支払うお金を授業料ではなく、参加費と呼んでいます。これは保護者一人ひとりが学校の運営に参加し、担っていくという姿勢から来ています。

一般には「お金を払い、それに見合うサービスを受ける」ということを当たり前のことと考え、教育においても「授業料を払い、それに見合う教育を受けさせる」ことを当然のことと捉えている人が多いかもしれません。しかし私たちは、教育の場はサービスを提供する場ではないという思いから、「授業料」ではなく「参加費」という名前を用いています。

参加費のしくみや金額についても、開校以来、さまざまなかたちが模索されてきましたが、２００７年度に「学校に経済的な理由のみで参加できない人を出さない」「学校が経済的に成り立つ」というある意味矛盾する二つの目標を掲げ、何度も話し合いを重ねた結果、現在のかたちに至りました。

現在の参加費は、在校兄弟の人数に配慮して決定された金額（定額）を支払うことをベースとし、それに加え、全校の保護者から毎月任意の寄付を募り、定額を支払うことが困難な家庭もその資金を利用することで、全家庭が定額を支払うことをめざす相互扶助の制度をあわせて設けています。この相互扶助制度のことを「星の銀貨」と呼び、現在への対処だけではなく、未来に向けた循環が生まれる制度となるよう、話し合いが続けられています。

第１回バザーから人気のお母さんたちによる人形劇

第 7 章

成長する子どもたちにふさわしい校舎と教室

子どもたちを包み込む校舎

シュタイナーは教育だけでなく、建築に関しても現在まで大きな影響を与えています。日本で学校の建物というと、校庭を前にした日当たりや広さだけを重視した四角いものになりがちですが、京田辺シュタイナー学校の校舎はまったくちがうものになっています。以下、本校の教師であり校舎を設計した伊藤壽浩建築士の解説を紹介します。

校舎が子どもたちを迎えるアプローチ

ＪＲ学研都市線同志社前駅を降り、広くて緑があふれる同志社通りの坂を登って行くと、右手に京田辺シュタイナー学校が目に入ってきます。女子大正門手前から右に曲がって少し下ると、校舎が両手を開くようにして迎えてくれます。

入り口の短いスロープを登って、建物全体を正面にみながら門を入ります。右側には、工事で掘削した土を積みあげて築いた小さな「築山」が敷地全体の中心にあり、子どもたちの遊び場になっています。この築山を隔てて、下の学年は校舎側の中庭を、上の学年はグラウンドを主に利用しています。登校した子どもたちは、この築山を取り巻くように、みんなで小石や貝殻を埋めた小道を進みます。植樹した木々や保護者が手入れしている草花の中を抜けると、緑の芝生に覆われた中庭が現われます。3年生が家づくりの授業で作った小屋沿いに右まわりの円弧を描きながら建物正面の昇降口から校舎に入ります。

校舎へのアプローチ

「雛を抱く親鳥」のように

中庭を包み込むL型の校舎には、外部廊下が巡らされています。バザーなどで中庭をステージとして使うとき、外部廊下は観客席になります。星の祭りや卒業式で外部廊下をステージとして使うときには、中庭が観客席になります。この外部廊下は中庭と校舎の内部をつなぐ役割も併せ持っています。L型の外部廊下の中央部分に、建物全体の入り口である昇降口があります。

この校舎全体を包む屋根は、昇降口の上部でもっとも高くそびえています。「屋根」は天の高みと地上をつなぐものです。屋根の形は雨を受けるのに素直な伝統的な切妻屋根をベースにしています。日本は雨が多く、精神的な意味も含めて自然との強いつながりがあります。そうした地域性を考慮すると、フラットな屋根を架けて空との関係を絶つのではなく、空からやっ

2階の手すり壁
端は垂直だが、建物中央部（写真では左側）は斜めになって開いている

校舎の端にある外部階段
下部はコンクリートで、大地にしっかりと根を下ろしている

てくる雨に向かい合う勾配屋根がふさわしいと考えています。

校舎の両端には外部階段があります。上部は木造ですが、踊り場から地面まではコンクリート造となり、堅い大地にしっかりと根をおろしています。

校舎の両端が大地と強いつながりを持ち、中央部に向かうとしだいに軽やかになっていきます。そこには、大地に根ざしながら精神の高みをめざすことができるようにという思いが込められています。子どもたちの成長を包み込むため、「雛を抱く親鳥」の羽根のように建物全体を覆っている屋根の両端は、下方へと延びています。守られながら成長を続けてきた子どもたちが、やがて奉仕すべく自分を世界に開いていくように、内部空間を包み込んでいた屋根も中央に向かって自らを開くように「反転（凸から凹へと）」します。

2階の手すり壁は、建物の両端部分では垂直に立っていますが、中央に近づくにつれて外側へ倒れて開いていきます。中央部分の手すり壁は外側に開いた形になっています。

中央部には、東に向いた大きな開口部があり、校舎の中心に位置するホールに朝一番の太陽が光を注ぎ込みます。ホールを中心に位置した理由は、高い天井が必要なので建物のもっとも高い部分が適切だったことがあります。しかし、さらに大切な理由は、入学式や

中央部の開口部
窓の向こうにホールがある

卒業演劇をはじめ、学校のすべてがホールから始まり、ホールに収斂してゆくからです。

外壁の色はクリームがかった山吹色です。12学年すべてを視野に入れた時、寒色系は考えにくく、といって赤のように強い力で包み込もうとする色も一面的すぎます。より動きを持った色、1日の、また1年の光の変化を映し出すにふさわしい色としてこの色を選びました。

内に閉じながら外に開く

この校舎を建築するにあたっての最大のテーマのひとつが内と外との関係でした。ヨーロッパの建築は一般的に小さな開口部しか持ちません。自然を克服する必然性と思想がベースにあるからです。自然との間口を少なくし、自然と戦いながら自らの内面（内部空間）を作りあげる地域性があるといえます。

これに対して自然と人間とが豊かに共存してきた日本の建築の理想は、伝統的にできるかぎり「自然と一体」となることといえます。

一方で、西洋が生み出した「私」という個的な意識は、すでに現代に生きる私たちにとって私たちの一部になっています。この矛盾が生む具体的な問題のひと

開きながら閉じる外部通路

内外をつなぐ中間スペース

つに、教室を外に開こうとすれば内部での集中が妨げられてしまうことがあります。こうした問題に対して、この校舎では内部と外部との間に中間的な領域を設けることで、いわば「開きながら閉じる」内外の関係性を作り出すことで対処しようとしています。

たとえば、1階と2階にある外部廊下は内部のような外部のような場所です。外部廊下があることで、内部空間の独立性を保つことができます。一方で、池や築山、3年生の作った建物や柵といった様々なしつらえを持つことによって、外部である中庭が内部的な色合いを持ち始めます。さらに建物と中庭との間は外部階段や手すり壁、列柱などによってつながっています。こうした全体の構成によって内と外の矛盾の解決を図っています。

また、建築物は柱などの垂直な要素と梁などの水平な要素でなり立っていますが、この学校の校舎では、次ページの建物概念図のスケッチでもわかるように、随所に斜めの要素を使っています。1階外部廊下の列柱上部では、上方からやってくる力と下から支える2種類の力がリズミカルに繰り返され、内部と外部が「呼」「吸」することで建物全体に固まった静けさではなく、活き活きとしたリズム、生命感を与えています。

感覚を育てる自然素材

壁には、石灰にけい砂を混入した漆喰《しっくい》を塗っています。この壁は多くの保護者が仕上げました。一部の壁には作品の掲示ができるように、またできるだけ多くの素材を用いたいという理由から布クロスを使ってい

様々な素材が使われている

ます。

教室の腰壁（壁の下半分）には木材を使っています。汚れにくくすることと、「上」と「下」という相違を持たせる意味合いを込めています。室内の床には堅固な「地盤」を提供してくれる楢の無垢材を使ったフローリングにウッドオイルを塗ってあります。すべての素材は触れた時の感覚を裏切らないよう、できるだけ自然素材を使い、素材そのものの感覚を活かすように配慮しています。

ホール上部
建物全体の最後部は世界に向かって開いています（凹）。東に面した大きな開口部からは朝一番の光が学校の中心であるホールへと注がれます。そして一日の活動を通してこの学校で行われるすべての人の業が、世界に向かって捧げられるのです。

屋根右側
子どもたちを守るように覆いこむ屋根（凸）は、ちょうどメビウスの輪のように内側は外側になり、閉じていたものが開き、守り包んでいたものを世界へと解き放ちます。

屋根左側
天と地をつなぐものとしての屋根は、その端部では大地に向かって語りかけるように垂れ下がり、中央部に向かって軽やかに高みへと向かいます。

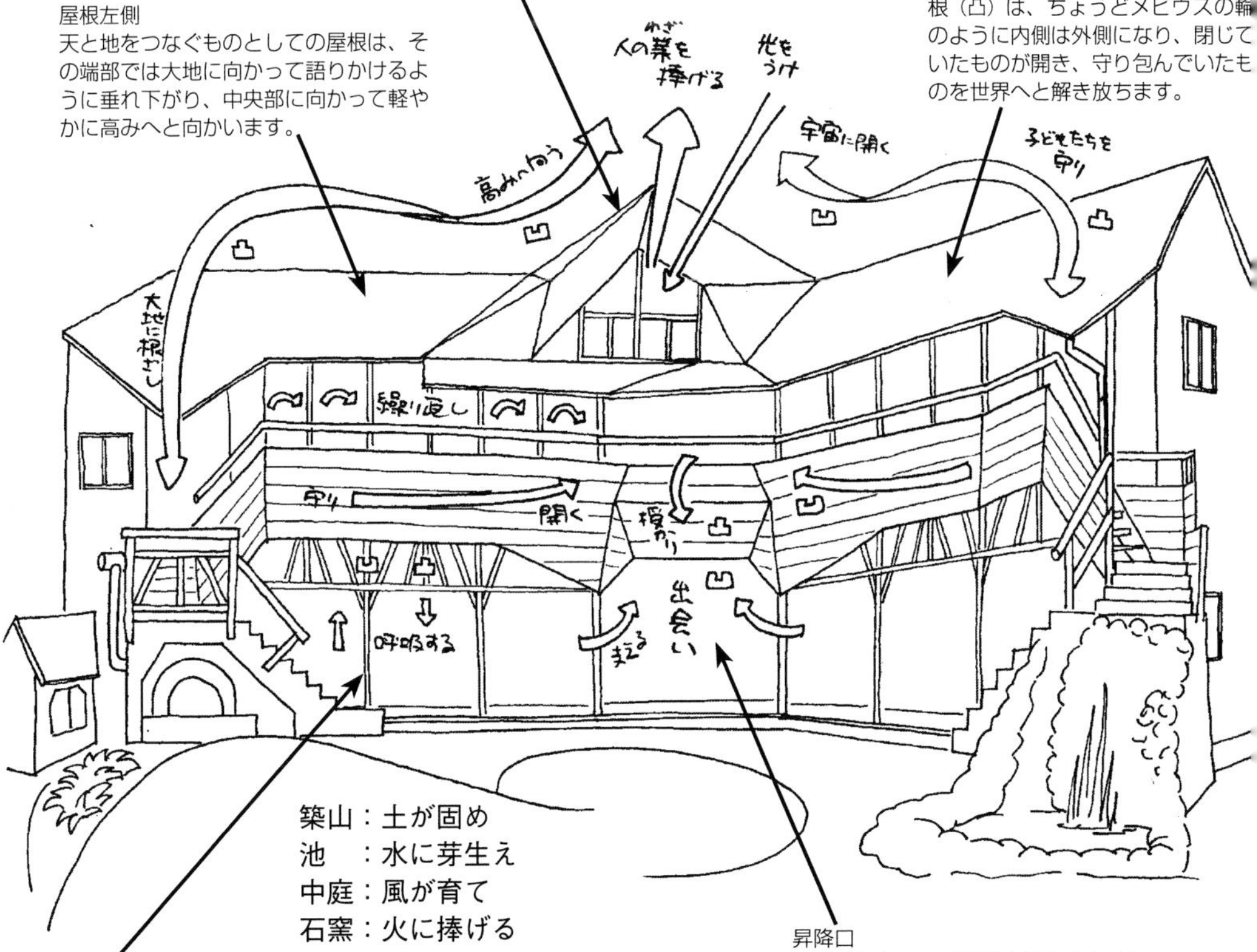

列柱
2階開放廊下に規則正しく続く列柱は、命を支えるリズムを生みながら内部と外部とを柔らかくつなぎ、1階開放廊下上部にある支持と荷重のモチーフは、閉じ（凸）一開き（凹）、捧げ一受け、呼気一吸気といったリズムを生み出し、建物と中庭との間に呼吸を生み出しています。

昇降口
2階開放廊下の手摺壁は端部では垂直に立っていますが、中央に向かって次第に前傾し、全体として緩やかな三次曲線を描いています。
こうして現れた下方へ向かうモチーフ（「授かり」）が、支え上昇する力と「出会う」ことでひとつのフォルムが生まれ、それが昇降口のゲートを形づくります。

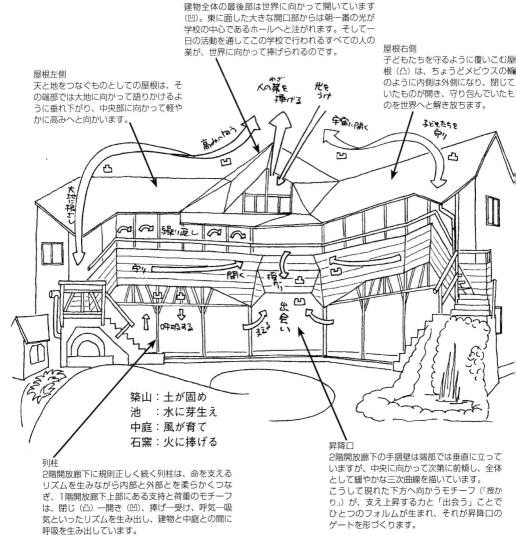

成長に寄り添った教室

校舎内部にも様々な特徴があります。第2章〜第4章では子どもたちの成長とカリキュラム、授業の内容をみました。各教室もシュタイナー教育の子どもの成長過程にふさわしい色や空間を意識して作られています。

色彩と空間

シュタイナー教育におけるもっとも重要な特徴の一つは、年齢による教育方法の変化です。その変化は、発達に伴う子どもの本質的な変化に対応するものです。その変化を考慮してシュタイナー学校では各教室を、年齢とともに変化して行く子どもの在りようにふさわしい空間とするために、利用する子どもの年齢に応じて教室の形状もその色彩とともに変容させることがあります。

欧米のシュタイナー学校では、教室は円形や四角形、六角形など、多様な形状を採用している場合もあります。京田辺シュタイナー学校では、それぞれの教室は四角形を基本としていますが、各教室の天井、出入り口や窓、黒板や棚の形状にヴァリエーションを持たせることで、それぞれの学年にふさわしい空間を演出しています。

建具の框や中桟、そして鴨居や柱が、大きく開けられた開口部を分割して、教室と通路の間に柔らかな区切りをつけて内部空間を独立させています。

天井は、日常的な生活とほとんど関係を持っていないこともあって、通常あまり意識されません。しかし、天井は内部空間における天そのものです。その意味でも、私たちと世界との関わり方に与える影響は、とりわけ大きいと考えています。天井には各教室にふさわしい色が塗られています。

青々とした若葉が、秋の紅葉とはまったく異なった心象を見るものに与えてくれるように、色というものはとても不思議な力を持っています。赤く塗られた図書館や、青い結婚式場を想像することが困難であるように、色もその場にいる人の心に強い影響を及ぼします。この学校の天井の塗装は均一にではなく、塗り手の自由な腕の動きによって適度な濃淡をつけています。天井に向けられた意識を活き活きと拡張させるためです。以下、２学年単位でそれぞれの教室の特徴について説明していきます。

１年生の教室
開口部には木製サッシュを使っています　中桟などの形状が
１年生にふさわしい雰囲気を生み出しています

◆薄いピンク色の１・２年生
一体感―子どもを包みこむ

１・２年の子どもたちは先生を前に見て授業を聴くよりも、先生の後ろ側でもいいのでそばにいて触れていたがるものです。彼らにとって世界と私はまだまだ「一体」のまま、いうならばパラダイスにいるような状態で教師の愛情に包まれて過ごします。

こうした時期の子どもたちにふさわしい、円に近い形の包み込んでくれるような教室を、現実的に可能な範囲でめざしました。

天井は、『薄いピンク色』に塗っています。周辺部を低くすることで、まどろみの中にいる子どもたちを

世界と一体となった１年生の教室

「前」が生まれる３年生の教室

包み込み、天井（天上）を身近なものにしています。

◆オレンジ色の3・4年生

世界からの独立―内面的形成の始まり

3年生の頃、子どもたちは「9歳の危機」を迎えます。これまでひとつだった世界と私が分離をはじめ、世界から独立した「私」が意識され始めます。内面形成の始まりです。これまで一体であった世界から、この時期「先生」が権威を持った存在として意識されはじめます。前も後ろもなかった教室の天井は、この学年で初めて「前」を持ちます。子どもたちは、智恵の実を採って食べたために楽園から追われることになる「旧約聖書」の楽園追放のお話を聞きます。それとともにこれから足を踏み入れて行くことになる地上世界の現実の中に働いている、本質的な活動である「農業」を体験したり、「建築（家づくり）」を体験することで内面形成にあたります。

天井は、まどろみを包み込むピンクではなく、動きを持ち始めた『オレンジ色』に塗られています。

◆黄色の5・6年生

地上に降りる—支える形

5年生になって間もない子どもたちには、まだまだ子どもらしい幼さが目立っていますが、この1年で彼らの体は大きく成長していきます。1年生から4年生の教室は2階にありますが、5年生になるとはじめて1階に降ります。これまでの幼児らしさから抜け出して2階で過ごす小さな子どもたちを「支える」ことができるようになっています。

この学年を覆う天井はほとんどフラットで、低学年の特徴だった「包み込む」要素は部屋の四隅にわずかに添えてあるだけです。天井はこの頃の透明なあり方を示す『黄色』で塗られています。

◆緑色の7・8年生

世界との離別

—内部へ、かつ外部へ

子どもたちが思春期を迎えると、体が目立って大人びてきて生殖機能も発達します。この地上で生活していくための土台が成熟するのです。シュタイナーはこの時期の特徴を「性的成熟」ではなく「地上的成熟」

支えるーフラットな天井の5年生の教室

分断し、内へ外へと流れ出す7年生の教室

と呼ぶことを望んでいました。

9歳以降に始まった世界との離別は、この時期に最後の段階を迎えます。自分というものを起点として、世界の物理的な広がりへと向かう一方、自らの内部への探求の旅が始まります。自立の最後の証として文字通り担任を脱ぎ捨てます。1年生からクラスを持ち続けた担任の教師は、反発され、乗り越えられることを最後の仕事として、8年間の担任を終えます。

ですから空間としても、包み込まれることを拒否し、「分断され、内部へ、外部へと流れ出す」意識に寄り添うような形状が求められます。天井には、光の色である黄色と闇の色である青色が結合した色である『緑色』を塗っています。

◆青色の9年生

個人としての目覚め――新たな調和への予感

子どもたちは世界との一体的な関係からしだいに目覚めていきます。9年生からは高等部が始まり、専門性の高い教科をそれぞれの教師が教えます。生徒はこれまでより独立した個人として授業に向かうことになります。この時期の教室の形状は7・8年生の教室の特徴であった外側へと流れ出す傾向を基調としながらも、世界との新たな出会いを予感させる兆候を含めています。

世界との新たな出会いへの予感を感じさせる9年生の教室

天井の色彩は1年生から始まった暖色から、7・8年生の緑色を経て、今度は『青色』へと変化します。

◆藤色の10・11年生

自立の時期—自立した空間

開校して10年目の年、大きくなったこの学校のために新しい校舎が加わりました。でもそれは本校舎のように包み込むような暖かな色と木の香りにあふれた建物ではなく、見知らぬ世界の中でたった一人で自分を探そうとしているこの時期の子どもたち自身のように、四角い壁に囲まれて少し孤独に建つ青い建物です。小さなこどもたちに囲まれることを喜びながらも自分たちだけの場所を求めて専用のティーテラスまで作った高等部が、いま自分たちだけのスペースで学び、語り、育っています。

そんなかれらを包む天井は、自立しつつ世界とのつながりを模索するような形状をもち、青色と赤色を自分たちの手で交互に塗り重ねて活き活きとした『藤色』としました。

自立しつつ世界とのつながりを模索する10、11年生の教室

再獲得された世界との一体感を持った12年生の教室

◆紫色の12年生

獲得した世界との一体感—ダイナミックな世界へ

1年生から始まった旅も、この最上級学年で終りを迎えます。大地へと降り立った魂は再び高みをめざし、別棟にある教室で2年間過ごした後、12年生で再び本校舎に戻ります。最上級学

年の教室は、その旅の始まりである1年生教室の隣に位置しています。この学年の天井は、1年生の教室に似た包み込むような形状を持ちますが、それは螺旋のように一段高い次元のものとなっています。その一体感は、はじめから「与えられた」ものではなく、世界との分離を体験した上で自らの手で「獲得した」ものです。このことは、凸型と凹型が並存する形状として現れています。

この教室の色彩には光と闇が結合した『紫色』の中でもすこし赤の入った、ワインレッドに近いような『パープル』と呼ばれる本来の紫色が使われています。天井形状にはダイナミックな動きが加わり、新しい世界へ向かって、これから船出してゆく姿を示しています。

教室の配置

この学校の設計に当たっての中心課題は、学年を追って成長する子どもたちにふさわしい空間を生み出すことでした。東翼の教室群は1、3、5学年といった奇数学年の教室に、西翼には偶数学年の教室が並んで

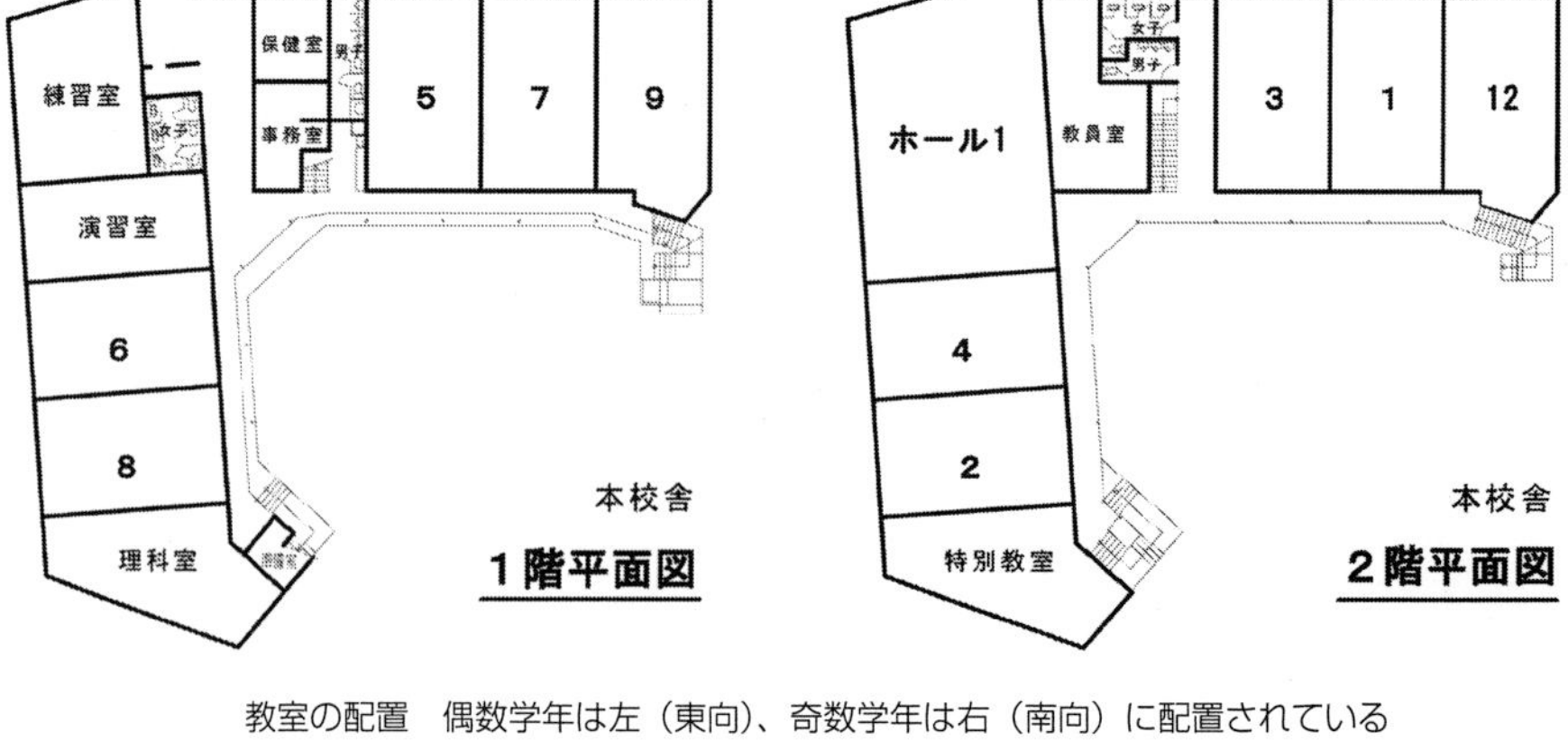

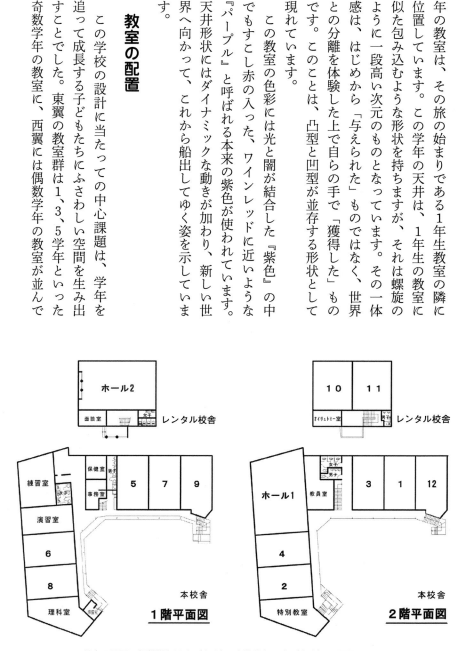

教室の配置　偶数学年は左（東向）、奇数学年は右（南向）に配置されている

います。

低学年の教室群は教員室に近い部分に守られるようにまとまって位置しているのに対し、高等部の教室は学校全体を守りながら、同時に外の世界へと向かえるように端部に配置され、さらに2年間本校舎から離れます。また西翼の端には1階に理科室、2階に特別教室が配されています。

教室の配置の中で特徴的なことに、1～4年生までの低学年が2階に位置していることがあります。一般常識とは異なるこの配置について、「どうして1年生の教室が2階にあるのか?」と、たびたび質問を受けます。

この配置は、教員と何度も話し合い、ゆっくりと地上に降りてこようとしている低学年の教室には、外部からのざわめきも比較的少ない、天の世界に近い2階がふさわしいと決めたものです。実際に、低学年の子どもたちは落ち着いた環境の中で安心感を持ちながら育っているように感じられます。現在では、担任の教員たちとともにこの選択が正しかったと確信しています。

セルフビルドと手作りの備品

教室の天井や木部は、保護者と教員がセルフビルドで塗りました。

各教室の出入り口扉には、学年ごとに色のちがうガーゼのカーテンがかけてあります。扉はガラスの面が多く、開放的ではありますが、そのままでは廊下を通る人から教室内が見えたり、逆に教室にいる子どもたちが外の世界に興味を持ったりする可能性があります。そこで、授業中の集中力を損なわないために、天井と同色に染めたガーゼのカーテンを保護者が手作り

セルフビルドの本棚

セルフビルドの窓枠

し、取り付けました。校庭からみると、学年により色がちがうので、どこがどの学年の教室かすぐにわかります。

　照明器具はふさわしいものがないこともあり、デザインから製作まで、京田辺特産の竹を使って設計者と保護者が手作りしました。明かりの強さも調節できる設備にしました。

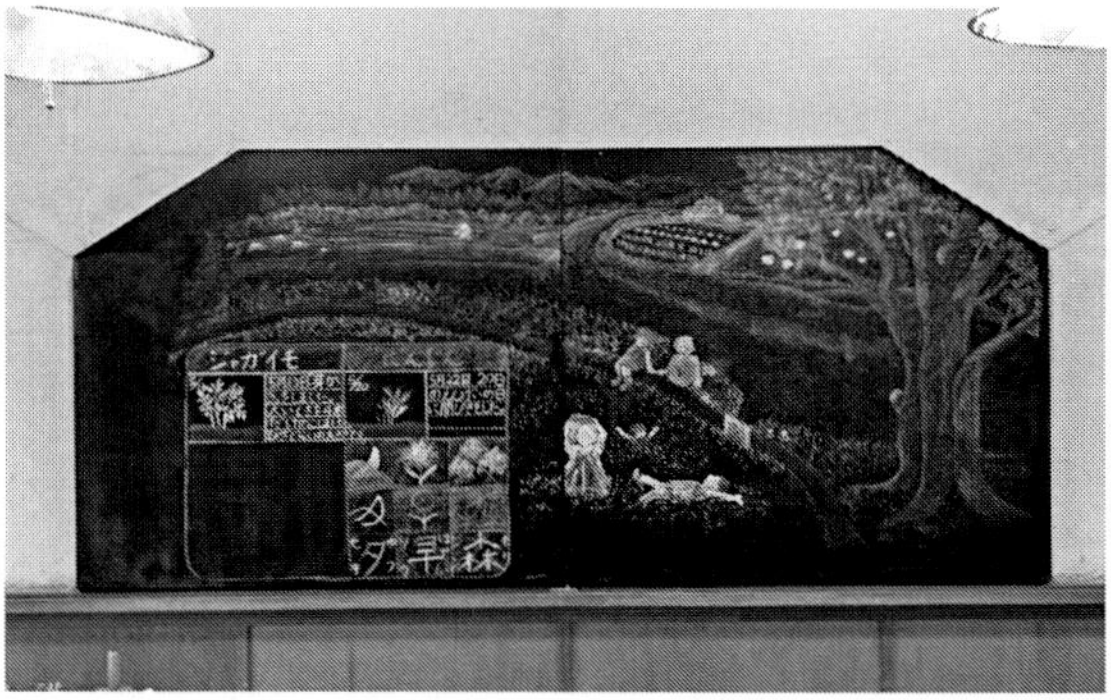

3年生の黒板　保護者が何度も何度も塗って仕上げました

　黒板もとても重要な要素です。守られていた存在がしだいに自立していくように、隅切りの角度が学年によって三段階に変化しています。これも保護者が塗装してできあがったものです。

息づく学校

訪れる人よ　愛を　この学舎《いえ》に
とどまる人よ　認識を　ここで
去り行く人よ　平安を　この学舎《いえ》から
（人智学協会シュトゥットゥガルト支部の建物のためにルドルフ・シュタイナーによって書かれた詩より）

　以上のように、セルフビルドを含めて、設計者と保護者と教員の思いと手が加わって完成したこの校舎は、新たに加わった方々の手で、木部が塗りなおされ、カーテンが染め直されと、大切にメンテナンスし続けられています。「皆で建てた校舎をいつまでも大切に使おう」という思いは子どもたちに自然に伝わっているようです。

またこの校舎は、保護者と教員の出資だけではなく、国内・海外の多くの方々の寄付により完成しました。バザーや講演会などには実に多くの方々がこの校舎を訪れてくださいます。このように、子どもたちが毎日通い学べる場としてだけでなく、また保護者や教員のためだけでもなく、多くの方々によって生かされ、今もなお息づいています。

何もないところから一つひとつ積みあげながら、天の高みをめざすこの校舎が、子どもたちや大人たちから愛を与えられ、出会いと学びをもたらし、心のやすらぎを与えられる校舎であり続けられるよう努めるとともに、この校舎を与えられたことに心から感謝しています。

廊下は開放された空間

バザー　ローズウィンドウのお店

収穫祭
廊下と階段を舞台にリコーダー演奏

第 8 章

座談会・親と卒業生が語るシュタイナー学校

出 席 者

【保護者】	Christian Wittern	（2期、12年生）	
	吉田　敦彦	（3期、6期、11年生）	
	澤田　智章	（6期生）	
	文　　優子	（6期、11年生）	
	川本　幸枝	（7期、8年生）	
	塩見　宏樹	（10・2年生）	
	野上　涼子	（7・5・1年生）	
	福井　慎子	（7・3年生）	
	水田　美幸	（4年生）	
	野村　浩司	（4・2年生）	（　）内は子どもの学年
【卒業生】	瀬戸　優樹	（3期生）	

シュタイナー学校との出会い

—京田辺シュタイナー学校との出会い、そしてなぜお子さんを通わせようと思われたのか聞かせていただけますか。

水田：うちの場合は、知り合いにこの学校に通っているお嬢さんがいて、卒業演劇でその子の変貌する姿など成長の過程を間近でみるにつけ、我が子にもこの教育を、と思うようになりました。娘は未熟児出生ということもあって、発達段階でいろいろと不安があったんです。シュタイナー教育の、一人ひとりの子どもの成長過程に合わせた学びを、という理念を知って「これならこの子なりのよい所をしっかり認めて伸ばしてくださるだろう」と思い、決心しました。

福井：私の場合は子どもが生まれたばかりのときに、子育て支援関連の講座でシュタイナー教育と出会って、それがすごく魅力的だったんです。来年から小学校というときに、それまでシュタイナー教育にのめり込む私を遠巻きに見ていた夫が突然、試しに一度「出会いの会」（注：学校説明会）に行ってみようか、と言い出して。出席したのは夫だけだったのですが、「シュタイナー教育が何かはよくわからないけれど、とにかく先生がすばらしい！」と、いたく感銘を受けて帰ってきました。

けれども、実際に入学を考える段階になって「本当にこの学校でいいのか？」と、夫婦でかなり真剣に悩みました。運営母体が学校法人でない、ということが一番のネックで。この学校に通わせることで子どもの将来の可能性を狭めることになりはしないか。親としての責任をはたしていると言えるのだろうか。何度も夫婦で話し合ううちに、いったい親が子どもの将来を確実に保障するなどということが可能なのだろうか？という疑問が出てきて。たとえどんなに一生懸命育てたとしても「確実に保証する」ことなど不可能なのだと気付いたとき、それなら今、親が「一番よい！」と感じた道を選ぼうじゃないか、と決断することができました。

塩見：うちは学校の雰囲気がいいな、というわりに気軽な気持ちで入学を決めました。秋のバザーなどで学校に来てみると、親も子どももすごくいい表情をしている。ああ、ここなら子どもたちも幸せに育つんじゃないかな、という直感的なものがありました。それからもうひとつ、私たち親が主体的に「ここがいい」と選んだ学校に通わせたい、という気持ちはありましたね。

澤田：娘は10年生で編入しました。それまで甥と姪がこの学校に通っていましたのでシュタイナー学校の存在自体は知っていましたが、私自身はまったく興味を持っていませんでしたし、娘も塾に通うことも含めてごく普通の公教育のなかで育ってきました。大きなきっかけは、甥が夏休みにイギリスのシュタイナー学校へ短期留学した際、娘が同行したことです。高校1年生の時のことでしたが、帰国した時には彼女の気持ちはもう決まっていたようです。

彼女ははっきり言いました。「私は学ぶことを楽しみたい。」それから私たちはシュタイナー教育について猛勉強しました。(笑)

吉田：「学ぶことを楽しみたい」って、シンプルだけど名言ですね。ぼく自身も、シュタイナー学校の体験授業などで、自分が受けたい！って思える授業に出会ったのが大きな理由。京田辺の公開授業（注：大人対象の授業体験講座）も毎年「追っかけ」していた。テストに出るから、将来困るから、じゃなくって、ただ学ぶことが楽しい、だから学ぶ。できたか、できなかったかを、友達と競って学ぶわけでもなく。そんな学びがある学校なら、自分が通いたい、いや、子どもを通わせたい、って。(笑)

友達との付き合い方 人と人との関係を学ぶ

―実際に通う中で、お子さんの様子や友達との関係などはいかがですか？

福井：子どもたちの屈託のなさは、やはり早い時期から評価に晒されていないことが影響しているのでしょうか。自分も自分以外の子もまっすぐに認める素直さというのかな。お互いのことを心から褒めたり喜んだり、自分の気持ちを伝えたりできる。

水田：私が私でいいんだという確かな自己肯定感というのでしょうか。自分に対する自信の持ち方は親として見ていてうれしいものです。

文：学年が上がれば上がるほど、お互いを認め合う発言が多くなってきますよ。親子でクラスの子について話していると、「あの子は○○なところもあるけれど、こういうところはすごいねん。いいとこあるねんで。」って。

川本：とくに仲良しじゃなくても、そういうふうに言えるのがすごいですよね。

文：あの子のことはあんまり好きじゃないけど、って前おきしてから褒めてる。(笑)

それから親たちの間でよく聞くのが、「どの子に対しても自分の子どものような愛情を感じる」という言葉です。12年という長い年月を同じクラスで過ごすから、自然と大きな家族のような親近感が生まれます。もちろん、その根底にはシュタイナー教育、あるいはこの学校の理念があるんですね。クラスで何か問題が起こっても、その子だけを責めるということをしない。クラス全体が成長するためにはいったいどうすればいいのか、親も子も一人ひとりがその当事者として真剣に考える。それは子どもの学びにも大きく影響すると思います。

Wittern：低学年の子どもたちは尊敬の眼差しで高学年のお兄さんお姉さんたちを見あげ、高学年の子どもたちは低学年の子どもたちに愛情を持って接し、また癒されてもいる。思春期まっただ中の子どもたちも、幼い澄んだ眼差しでまっすぐに見つめられると悪いことができない、という話を聞いたことがあります。(笑) これは12年一貫教育だからこそ生まれるよい関係性だと思います。

塩見：お互いに栄養をもらいあっているんですねえ。

川本：高学年の子どもたちは、低学年の子どもを時に「うるさいな」と感じつつも、そういうものとしてありのままに受け止めている。クラスでも、付き合いたくなくても付き合わざるを得ない濃い関係性の中から、人との距離の取り方を学んでいる。

吉田：よく「この守られた空間で育って社会に出てやっていけますか？」という質問を受けますが、この濃くて長い付き合いは、逆に大きな強みになっているということですね。私は大学（大阪府立大学）の教員をしていますが、就職しても続かずに転職するケースが増えています。若者たちに、合わない人と何とか関係を続けていく力が弱くなっていると感じます。それは、一般校では1~2年単位で担任交代やクラス替えを頻繁にするからでは、と言われています。

澤田：娘が編入前に通っていた学校での経験を聞いて、人と違っていること、あるいは自分の意志を貫くということが、そこでは非常に難しかったようです。お互いを認め合うということは、単に表面的に仲良くするというのとはちがいます。この学校に入って、娘が１００%自分を出せたかはわかりませんが、受け入れてもらえたことがうれしかった、と話していました。人とちがう考え方をしてもおかしいとか、認めない、ということはない。その反面、ぶつかるときは本気でぶつかり合う。これは深い付き合いから生まれる信頼関係があるからこそ、なのかもしれません。

野上：私は自分自身が子どもの頃いじめを受けていた経験から、シュタイナー教育の「一人ひとりの子どもの成長に合わせた学び」という理念は、子ども同士の関係性にも大きく影響していると思います。娘の担任の先生が子どもに言って聞かせることの一つに、「皆が同じようにできるのではなく、一人ひとりがそれぞれの精いっぱいを尽せるよう、皆でいっしょにがんばることが大切なのだ」という言葉があります。そして「それはこのクラスや学校だけでなく、どの世界へ行っても同じなのだ」と。

学びの様子　勉強への取りくみ方

——勉強の面、いわゆる学力に関しては、いかがですか。

塩見：学力については、入学当初やはり不安はありましたね。とくに8年生までのカリキュラムの中では「これを知らないの？」とか、そういう不安は正直けっこうありました。学びの質がちがう、なにか身体の深いところで学んでいる、ということは理解できるのですが。でもそれは自分の育ってきた中での価値観で子どもを測っていたからなんですね。上の子が高等部に進学した時、それまでの8年間を振り返ってみて、やっと「ああ、こういう学びのあり方なんだ」と改めて納得できた部分もありました。

澤田：私は自分自身も娘も、いわゆる受験社会にどっぷりと浸かって生きてきたのですが、「勉強」に対する考え方が180度転換しました。以前は「勉強」というものは、将来の選択肢の幅を広げるためには必要なもの、苦しいだろうけどがんばりなさい、と。けれどもこの学校に出会ってから、学ぶことの楽しさ、広い学びを得ることの大切さを思うようになりました。

編入当初は、進路を決めるにあたり、一般の通知表にあるような数字での評価がない中で、どうやってその子が自分の位置を判断するのか心配していました。けれども初めて「かがやき」（注：手紙と詩による本校の通信簿）を受け取ったときの感動は忘れられません。それからは進路に対しての不安はなくなりました。悩んでも、きっと乗り越えていける。苦労したらいいやん、と。

野村：僕も初めて「かがやき」を読んだ時、先生方がこれほどていねいに子どもたちを見てくださっていることにたいへん驚きました。学びのあり方もさることながら、いかに先生やまわりの大人が一人ひとりの子どもをていねいにみるか、ということがとても大切なのではないでしょうか。

福井：今のお話を聞いていて思うのは、将来のためという名のもとに、「今」を犠牲にするような勉強のしかたをして自分自身を見失っている子どもが多いのではないか、ということです。その子の「今」を大切にして、その時期にふさわしい学びや体験を思い切りさせてあげたい。「確かな今」を積み重ねる先に、自然と「確かな将来」があるように思います。

野上：私は時々この学校で「勉強なんてできなくてもいい、○○でさえあれば。」という言い回しを耳にするとき、なんてもったいないことを、と感じていたんです。これほど学問の本質、世界の叡智のようなものを、子どもたちが理解しやすく、感動をもって学べる場はなかなかないと思います。

瀬戸：僕はこの学校で４年生から卒業まで９年間学びましたが、シュタイナー学校の子どもたちは、受験のためだけではない様々な学びを経験することができるけれども、だからと言って「いろんな経験をしたらいいやん」というところに逃げたらいけないと思います。楽しいことばかりではないことを積み重ねてきたからこそ見える景色もまたあるはずです。スポーツの世界とまったく同じで、練習している時は苦しいこともたくさんあるけれども、その先に見えるであろうものをめざしてその苦しさを一歩一歩乗り越えてゆく、その先にこそ自分の弱さを乗り越えた本当の自由があるんじゃないかな。

吉田：シュタイナー教育は「自由への教育」であって、「自由な教育」ではない、ってこと。

瀬戸：はい、シュタイナー学校は「不自由な学校」です。(笑) 決してラクな学校ではなくて。

文：うちの娘は、在学中にここでの学びと受験勉強を両立させるのはすごく難しい、それをしようとするとすごく頭が混乱する、と。彼女は、卒業プロジェク

「今、学ぶ時」としての授業時間

ト と向き合う中で進路について考え、目標が定まっていったようで、少しずつ準備を始めていました。そして卒業後すごい勢いで勉強し、塾や通信教育も受けずに海外の大学へ行きました。彼女自身の体験から、「受験はテクニックの問題だから、この大学に入りたいと思ったらみんな絶対入れるはずや、少なくとも1～2年浪人すれば」って言ってました。（笑）

川本：私の娘は文さんの一つ下のクラスだったのですが、その両立にトライした子も何人もいました。それで現役入学した子もいるし、しなかった子もいる。そのしなかった子のお母さんが話してくれたのですが、お子さんが結果を知った時、「こんなことなら受験勉強するんじゃなかった」と言ったすぐ後で、「でも、あの卒業演劇、卒業プロジェクトの忙しい状況の中で受験勉強をやった積み重ねがあるから、これから1年間もやり遂げられる自信がある。やっぱりむだじゃなかったかな。」と言ってくれたそうです。

先生たちも、ここでの学びと受験勉強のどちらもがんばる、という選択を尊重してくれています。どちらも精いっぱいやるのであれば、それはそれで得られるものがあると。一方で、思い切り卒業プロジェクトに打ち込むことで自分のやりたいことが明確になり、そのことが土台になって進路を決めるという子もいます。

吉田：卒業プロジェクトの取り組みの中で、話を聞きに行った先生のいる大学に進学した子もいましたね。

足りないことから生まれるもの

Wittern：この学校に少しずつクラブができ始めたのは開校後、数年経ってからです。うちの子どもはとてもスポーツが好きで、クラブ活動が学校に行く大きな楽しみでした。この学校では一つのクラブ活動に6年生から12年生、いわゆる小学校6年生から高校3年生までが関わります。今はさらに卒業生がいることもありますから、その関係性がまた楽しいようです。

私の母国ドイツでは、スポーツなど放課後の活動は地域で行い、シュタイナー学校にかぎらず学校でクラブ活動をするということはほとんどないので、学年の垣根を超えてお互いの成長に影響を与え合うこの活動の力はすごいなあ、と、いつも感心しています。

吉田：シュタイナー学校のカリキュラムをドイツからそのまま輸入するだけでなく、ここ京田辺にいる子どもの様子をみながら、今何が足りないか、今何が子どもたちに必要か、先生たちはいつも知恵を絞ってくれているのだと思います。クラブ活動もそんな取り組みのひとつですね。

瀬戸：僕は、バレー部を何もないところから創っていった最初の学年です。その中で、やはり顧問の先生の存在はすごく大きかった。シュタイナー学校の認知度がまだまだ低かった時代、先生が試合相手になってくれる学校を探すために、一つ一つ学校を回って頭を下げてくださった。その後ろ姿から、これから自分が生きていく上での大きな軸を与えられました。大人の背中から学ぶというのはこういうことだと思いました。

吉田：学校法人でないので、対外試合をしようと思っても高校連盟の公式大会には出られない、というデメリットもこの学校にはあって。それでも、バレーに打ち込む子どもたちの姿を通して他校の監督と信頼関係ができ、体育館での練習の機会をもらったり、私学の大会に特別に出場させていただいたり。無認可の学校にとって、そういう周りの温かいご配慮は、本当にありがたいこと。何もないところから、一つ一つ実績を通して、地域や社会のご理解を得てきた。クラブの歴史はそのまま、そんなNPO法人の学校の歴史と重なりますね。

Wittern：財政面はじめ、この学校にはまだまだ課題がたくさんありますが、逆に足りないからこそ可能になっていることもたくさんあると思います。もしすべてがパーフェクトに揃っている学校だったら、これほどのマンパワー、求心力、アイディアが集まったでしょうか。その意味でも、今あるものの中で豊かにやっていく、足りないからこそ生まれるすばらしいものがあると思います。

体育館もないから、練習試合などで体育館に出かけるとそれがとてもうれしくて。他の学校の子どもたちは自分の出る試合以外の時間は座って休憩しているのですが、ここの子どもたちにとっては体育館での練習はとても貴重な機会、「今練習しない手はないぞ！」と。（笑）

瀬戸：僕はバレーが本当に好きでしたから、体育館のないバレー部というのは辛くて。でも決してクラブ活動が軽視されているわけではないことは理解していましたし、保護者の方や先生方の、なんとかできるだけのことはしてやりたい、という思いをひしひしと受け取っていたから乗り越えられた。逆に、もしこれがすべて当たり前に整っている環境だったら、今の自分はなかったかもしれません。だからといって足りないままでいいとも思わないけれど。

僕は卒業後、バレー部のコーチをしているのですが、試合のときに来てくれる応援団がすごいんです。声の大きさや人の多さはもちろん、僕がいつも感動す

新しい部旗はなんと紙製！　他校の部旗をみるにつけ、何とか我が校にも部旗を、というある保護者の熱い思いで発案　子どもたちには内緒で夜な夜な色ぬりして作成しました

るのは、外注するのが一般的なクラブの部旗、試合の応援のときなどに使うチームの旗ですけど、その旗が手作り。最初の部旗は、クロスステッチで作ってあった。（笑）保護者の方が作ってくださった温かい部旗をみるたびに本当にすごいな、って。

吉田：足りないものだらけだから、なにごとも手作り。部旗も手作り。学校も手作り。（笑）

「卒業部」の立ちあげ　卒業生の進む道

―瀬戸優樹君は2012年、卒業生の交流の場である「卒業部」を立ちあげました。ご自身のことも含めて卒業生の今の様子などを教えてくれますか。

瀬戸：本当に大きな家族みたいなコミュニティですから、卒業して疎遠になることの方が不自然な感じなんです。ルーツを同じくするもの同士が時々集まってゆっくり話し合う、そういうつながりの場をずっと持ち続けていけたら、という思いで「卒業部」を立ちあげました。具体的な活動の一つに卒業生間の連絡調整もありますので、卒業生の進路についてはある程度把握しています。

ただ、シュタイナー学校で学んだらこういう人間になる、というようなステレオタイプな紹介のしかたはしたくないし、できないですが、強いて進む傾向を分類すると、「アート」「教育」「国際」などがあげられます。この学校のカリキュラムとその環境を考えると、ごく自然な流れだと思います。現役で進学するケースもあれば、積極的にギャップイヤーを選択して進路についてじっくり考える、というケースもあります。それが浪人して大学進学という形になる場合も多いのですが。現在卒業生の短・大学進学率はだいたい7～8割程度でしょうか。

吉田：みんな大学に行くから大学に行く、とか、大学の名前だけで選ぶ、とかいう感じは、なさそうですね。学びたいこと、もっと勉強したいことがあるから、行くっていう感じかな。いま一般の短・大学進学率は60％弱ぐらいだから、結果的に超えているわけだけど。

瀬戸：今僕は大学院生ですが、やはり勉強が純粋におもしろい。まさに「学ぶことを楽しむ」世界ですね。僕たちが進路を考えるとき、自分の知りたい情報や知識、あるいは会いたい人と出会える場所が大学である場合が少なくないんです。大学進学とは将来のための布石ではなく、自分が興味のある世界についてもっともっと知りたい、というシンプルなものであることが多い。大学に入学してからも単位取得の目的以外で他の大学の授業を受けに行ったり、研究室を訪ねたりということもよくあるようです。大学を卒業してもすぐに就職しない人もいれば、仲間同士で起業した人もいます。

川本：先生方も高等部の子どもたちに大学のオープンキャンパスなどに出かけることをすすめていて、そこでおもしろい大学や先生との出会いがあり、自分の興味のある分野に進む子もいます。それが偏差値の高い大学の場合もあるし、あるいはより偏差値の高い大学を受験できる実力があるにもかかわらず、この先生のいる大学で学びたい、という選択をするケースもあるようです。

吉田：もうひとつの特徴が、卒業プロジェクトの作品づくりをきわめるような形で、専門学校や「職人の道」に進む子たち。料理学校、菓子作り、あるいは木工、織物、楽器製作など、国内国外問わず、手の仕事、ものづくりの道に進む子どもが多いのはシュタイナー学校の特徴と言えるのかも。このあいだも、「和菓子の奥深さ」について、ある卒業生が夢中になって語ってくれました。

自分と向き合うこと　他者と生きること

―優樹君自身がこの学校で学んだことを聞かせてくれますか。

瀬戸：僕は卒業して今年で5年になるのですが、自分の学校生活を振り返ってみると、まず印象に残っているのは先生との関係です。本音で話ができる大人が、遠すぎず近すぎずの距離で存在するということは、とても貴重なことだと思います。卒業後の進路についても、単にいくつかの道を提示してその中から選択させるというような方法ではなく、自分が将来いったい何者になるのかを模索することについて、とことんまで付き合ってくれる。

そのことを思うと、僕はこの学校では知識というより、自分との向き合い方、あきらめずに向き合い続けるという姿勢を、授業だけではなく学校で過ごした時間全体で学んだように思います。けれどももちろん、誰もが順調かつスムーズに自分のやりたいことを見つけてそれに向かって邁進できるというわけではなく、逆に真摯に自分と向き合えば向き合うほど、卒業後もさらにもがき続けるという現実もあります。

またやりたい事が見つかったとしても、それを実現するためには当然大きな努力が必要です。目の前にある山の大きさを見あげて目が眩むことも少なくありません。でもそういう時に簡単にあきらめてしまわない。自分と向き合うことから逃げない粘り強さなどは、在学中に卒業演劇や卒業プロジェクトを通して非常に厳しく鍛えられたと感じています。

——一般的な学校とはちがう教育を受けたことで卒業後に不安はありませんでしたか。

瀬戸：正直なところとても不安でした。たとえば大学に入学して最初の期末試験が、定期テストの初めての体験になるわけです。自分の実力がどこにあるかわからない中で、ドキドキしました。本当にこの社会の中でやっていけるのだろうかと。

大学に入学した当初は周囲の人と付き合う際も、ちょっとした価値観のちがいにとまどうことがありました。一つは「友達になる」という感覚。同じ授業を受けているだけでも「友達」。これが社会の感覚なのかと驚きましたが、開き直って一対一で話し込む時間を持ちました。それからは人との関係性は自分しだいだということを実感して、積極的に行動するようにしました。

吉田：自分の出し方、っていうのは、微妙なんだろうね。まわりとの協調性とか、個性の出し方とか。

瀬戸：シュタイナー学校で学んだというと、周囲の評価を気にしない、個性が強い、という捉え方をされることが多いんですけど、自分自身のことについて言うとそれはイエスでもありノーでもある。さすがに大学生になって周囲の評価をまったく気にしないなんてことはなく（笑）。ただ自分というものをしっかりと確立しながら他人との関係性を築いていくというバランス感覚はある方なんじゃないかな。それは僕だけじゃなく、卒業生みんなの傾向として言えることだと思います。

もちろん僕もいつもうまくやっていけているっていうわけじゃなく、今も常に迷いながら生きています。ただ一つだけ言えることは、繰り返しになりますが、自分のめざす方向に粘り強く向かい続ける強さは、確実にこの学校で学んだことです。

力を合わせて、子どもの成長を支える

水田：憧れていたこの学校に、晴れて子どもが入学してしばらくした頃のこと、娘が学校に行きたくない

秋のバザーでは保護者もはりきって出店します

と言いだしたんです。もともと新しい環境に順応するのがゆっくりなタイプということもあったんですが、私としては、「えっ、あのシュタイナー学校に行きたくないなんてどういうこと⁉」と予想外の展開にうろたえてしまいました。

けれどもそのときハッと気付かされたんです。この学校に入りさえすれば、何の問題もなくスクスクと育ち、かつて憧れていたような素敵なお嬢さんができあがってくると思っていたことに。無意識にそういう気分でいた私に娘が「待った」をかけたわけです。

その出来事があって先輩のお母さんに相談したりする中で、「この学校は確かにいい学校だと思うけれど、それは問題が何もないということじゃない。どのクラスでもそれぞれに乗り越えないといけない課題がある。子どもを学校に入れたら後は安心、なんてことはないと思うよ。」と言われました。

それからは私も学校の運営活動にできるだけ参加するようになりました。今は様々な活動を通じて、クラスでも全校でも保護者のみなさんとの関わりを心から楽しんでいます。子どもといっしょに親も入学し、卒業していくんですね。

文：本当にそうですよね。どこへ行っても人間が集まれば大人であっても子どもであっても同じように問題は起こる。要は問題が起こったとき、いかにみんなで協力してその問題に立ち向かうか、ということであって。先生方も学年を超えてお互いに話し合いながら、起きた問題が子どもたちの成長の糧となるように模索し続けてくださっている。子どものありのままを受け止めつつ、決して型通りの対応をしない。本当にすごいなあ、と思います。

吉田：キレイごとだけではいかない、葛藤もたくさんある。出会いもあれば、別れもあって、いろんな理由で転校していくケースも。学校の行事のときなど、転校した子どもたちや保護者の方が、ぶらりと来てくれたりするのは、本当にうれしいですね。

福井：どの学校に通っていても、家庭で子どもの成長をサポートすることはできると思います。たとえば、今の社会はどこに行っても情報や便利なツールがあふれていますが、大人にとって便利なものであっても、幼い子どもにとっては刺激が強すぎるものもあります。そこから子どもを守る。けっこうたいへんですが、何かを作ったり、読書に没頭したり、実際にやってみると子どもは自分の時間を楽しんで忙しくしています。

Wittern：子どもたちは授業でも遊びでも実によく手を動かして何かを作っていますね。この学校ならではの特徴として「手仕事」のカリキュラムがありますが、手を動かすということは人間にとってとても大事なこと。テレビやゲーム、ビデオなどによる疑似体験ではなく、できるだけ本物の体験をさせるなど、家庭でできることは他にもたくさんあると思います。

福井：親がひと手間かけて、子どもに自分で考えたり発見したりする喜びを感じさせてあげたり。何かわからないことがあった時に、ネットで手早く検索するのではなく、図書館に足を運び、本を探して自分で調べさせる、とか。一見むだと思えるようなまわり道に、大切なことが隠されていることが多いものです。そういう家庭での子育てのあり方は教育の土台としてとても大切なことだと思います。

交流と参加　ともに学校をつくり続ける

野村：僕も保護者のみなさんとの交流を楽しんでいますが、子どもの教育の過程で、これほど多くの出会いがあるとは思ってもみませんでした。みなさん職種も様々、価値観も多様ですが、子どもの学びと、この学校を支えていこうという点では気持ちが一致しています。一つの目標に向かって皆でがんばることの充実感。またその活動の過程で子どもとともに自分自身も成長できるという点も、この学校に入ってよかったと思うことの一つです。

川本：でも、学校が順調に大きくなって充実してきた分、意識的にコミュニケーションをとっていかないとうまく回らないことも増えてきました。学年、世代を超えた保護者のつながりと、先生とのつながりも大切かと。

塩見：僕の場合は入学当初、先輩のお父さんから、手をあげて発言するからには責任持って最後まで関わらないといけない、と言われて、こりゃたいへんだとしばらく遠巻きに見ていたんです。それから2〜3年経ったある日、もうそろそろなんか背負わなあかんのちゃう、と声を掛けられて。それから徐々に学校運営に関わるようになって、今では完全にライフワークになっています。

自身の仕事としても経営に携わっていますが、最近は営利組織においても経営形態が多様化しつつあって、社会的な活動について学んでいる方も少なくありません。その意味でもこの学校つくりで実際に汗を流すこと以上の学びはないと思います。

さらにもう一つ学んだことは、プロセスそのものを楽しむということです。目標に向かって一直線に走っていき、結果が出なければダメ、というあり方ではなく、今目の前にある課題に取り組むことを楽しむ。そしてその結果なにが起こるか、ということにとてもワクワクしている自分がいます。学校つくりに深く関わることで自分の人生観さえも変わりましたね。

吉田：この学校では「授業料」と言わずに「参加費」と呼びますが、子どもはもちろんのこと、大人も学校に参加する、という意味での参加費ですね。

澤田：本当にその通りです。それぞれに多様な価値観を持った大人、先生たち、親たちが子どもたちのために、というひとつの目標に向かってまるで10代の若者のような情熱で（笑）一致団結する。今の社会にこんな現場があるということをとてもうれしく感じています。娘はもう卒業しましたが、私はこの学校が将来に渡って発展し続けていけるように、これからも「親鳥」（注：保護者OB会）の仲間とともに微力をつくしたいと思っています。

企画・進行・記録：広報委員会

あとがき

京田辺シュタイナー学校は、２０１５年に創設15年。親と先生が力を合わせて創り続けてきました。今や、２６０名（１７０家庭）を超える子どもたちが毎日通う、日本でもっとも大きなＮＰＯの学び舎です。

本書の前身となる『小学生と思春期のためのシュタイナー教育』（学習研究社）を編んだのは、創設5年目、まだ最初の卒業生を送り出す前のことでした。その後、12年間の学びを集大成していく高等部が充実し、7期の卒業生が社会に巣立ちました。本書は、公刊から10年近く経った前著に、新しく成長した学校の様子を増補し、旧くなった情報を改訂し、掲載写真も一新したものです。とくに高等部の授業や卒業生の声、そして親と先生による手づくりの学校運営については、座談会も新たに開いて、現在の地点から15年の歩みを振り返って大幅に加筆しました。それに合わせて、本のタイトルも更新してあります。

その旧版「あとがき」には、次のような謝辞が記されています。この感謝の気持ちは、いつまでも変わらないものです。

――いま、日本の片隅に、こんな学校ができています。……私たちがあきらめずに追いかけている夢と、なんとかここまではできてきた姿。そのありのままの現実を、等身大でお伝えできればと願いました。……縁あって、この学校を取材してシュタイナー教育を紹介したいという一人の編集者と出会いました。戸矢晃一さん、すぎた企画、学習研究社の皆さま、心から感謝申し上げます。

このような運びになったのも、この学校が、今いる私たちだけのものではないからなのだと思えます。ここの子どもたちだけのものではないし、私たちの力だけでできたのでもない。地上にこの学校が姿をあらわすずっと前から、心を込めて種をまき、その成長を見守り続けてくださった先達の方々。日本の各地で助け合いながら同じように学校づくりに励んでいる方々。そして、子どもたちの健やかな成長を願う、まだお会いしていないたくさんの方々の思いが、この学校を支えてくれているのだと思います。目に見えないつながりのなかで、それに応えようとする形が、こういう本による分かち合いになりました。この場を借りて、心よりお礼申し上げます。——

そして、この新版の出版にあたっては、せせらぎ出版の山崎亮一様に、大変お世話になりました。親身で懇切なお力添えに、深く感謝いたします。

本校では、折々に学校見学会や講座を開いています。ホームページでご確認のうえ、ご来校くだされば嬉しく思います。この本がご縁となって、さらなる出会いが生まれ、新たなつながりに恵まれていきますように。そして、私たちの学校づくりが、広く未来の社会づくりのお役に立てますように。

編著者　ＮＰＯ法人京田辺シュタイナー学校
（広報委員会＋吉田敦彦）

二〇一五年一月一五日

NPO法人 京田辺シュタイナー学校

〒610-0332　京都府京田辺市興戸南鉾立94
Tel：(0774) 64-3158　Fax：(0774) 64-3334
mail：info@ktsg.jp/
ホームページ：http://ktsg.jp/

＊本校では一年を通じてどなたでもご参加いただける催しを開いております。
学校ホームページにて随時ご案内しておりますので、ぜひお越しください。

●装幀―――仁井谷伴子
●写真協力―川島　一郎

親と先生でつくる学校 ‐京田辺シュタイナー学校　12年間の学び‐

2015年1月15日　第1刷発行
2023年3月1日　第4刷発行

編著者　NPO法人京田辺シュタイナー学校
発行者　岩本恵三
発行所　せせらぎ出版
〒530-0043　大阪市北区天満1-6-8 六甲天満ビル10階
TEL. 06-6357-6916　FAX. 06-6357-9279

印刷・製本所　株式会社デジタル・オンデマンド出版センター

 ISBN978-4-88416-237-5

せせらぎ出版ホームページ　https://www.seseragi-s.com
メール　info@seseragi-s.com